中国·少林鹅坡教育集团

U0841605

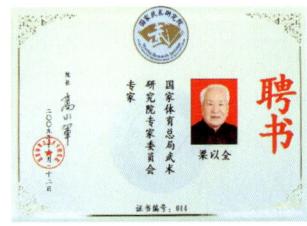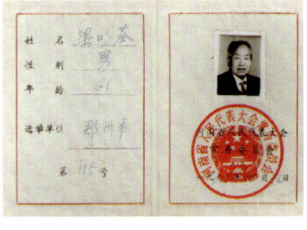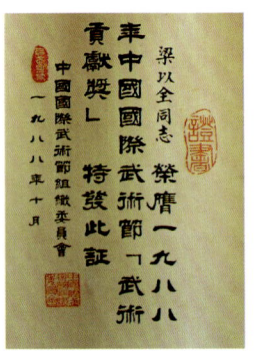
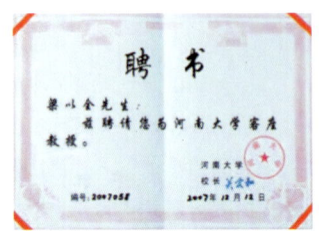

  梁以全，法名素一，河南省登封市骆驼崖村人。1931年出生于习武世家，幼承祖训，刻苦好学，坚韧执着，博采众长。精研少林正宗拳械、技击、擒拿、阴阳劲等各种功法，长年练功不辍。为人谦和，乐善好施，已捐善款数百万元资助乡里。

  他习武修德，为中华武术少林流派代表人物。是国家高级武术教练、中国武术九段、中国当代"十大武术名师"、全国离退休老干部先进个人、全国健康老人、河南省非物质文化遗产传承人，享受国务院特殊津贴。中华人民共和国成立后，他创办了第一所专业武术学校，率先将少林武术带出国门，出访过36个国家和地区，表演、交流、讲学、教授中华少林武术，授武于中外弟子数万名。

  他笔耕不辍，已出版《嵩山少林拳法》《嵩山少林拳法歌诀集锦》《少林武术研究》等武术专著，在国内外报刊发表过29篇武术专业学术文章，授武育人。他创办了少林鹅坡教育集团，目前在校师生8000余人。该校学生参加国际、国家、省、市武术大赛，荣获奖牌5679枚，考入北京体育大学、上海体育学院、武汉体育学院、天津体育学院、河南大学、郑州大学、洛阳师范学院等高等院校学生2000余名。

  他历任登封蔡沟乡中心学校校长、登封市体校校长、河南省武术馆副馆长、登封少林寺武术馆副馆长兼总教练、少林拳法研究会主席。现任国家体育总局武术研究院专家委员会专家、河南省武术协会副主席、少林武协名誉主席、北京体育大学名誉顾问、河南大学客座教授等职。

  他曾多次受到党和国家领导人乔石、李德生、许世友等领导同志的亲切接见。

梁以全的三爷爷梁学庠,是梁家另一位奇人,虽自幼习练家传武功,但因家穷却未能读书。他十八岁开始学文,后居然中了黉门秀才。他文武兼备,又开设私塾,门人弟子颇多。梁以全自幼得其亲传,后成为一代儒雅武师,不但武功高强,而且能著书立说,这与他幼时所受的教育是分不开的。

梁学庠亲书并手绘插图本武术典籍《易筋经》,至今在梁家珍藏着。

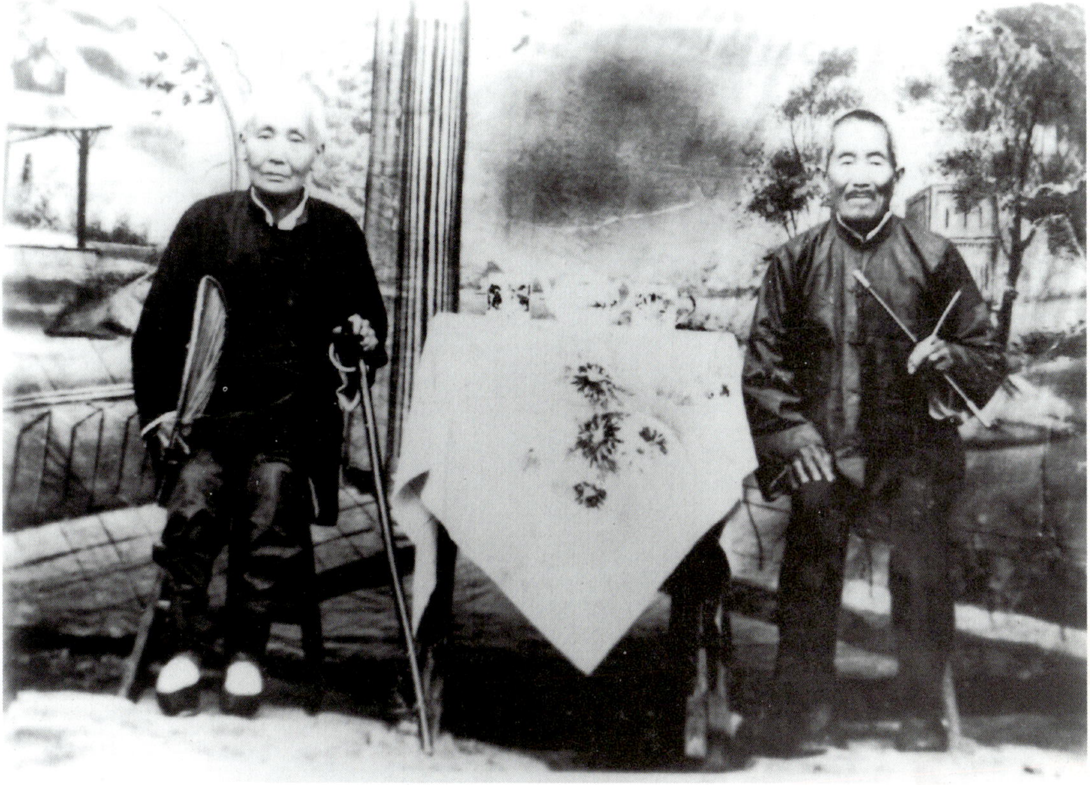

这张珍贵照片中的二位长者，便是梁以全的父母亲。父梁兴绍，幼名海水。海水为人谦和，广交武林朋友，与少林寺妙兴法师和妙聚法师交往颇深。弟子达千余众。1928 年被冯玉祥部聘为武术教官。

1963 年，参加河南省武术比赛，他以 82 岁高龄荣获“技艺精湛奖”。

奖 状

梁海水同志参加一九六三年河南省武術表演赛技藝精湛特發奬狀以資鼓励

河南省体育运动委员会

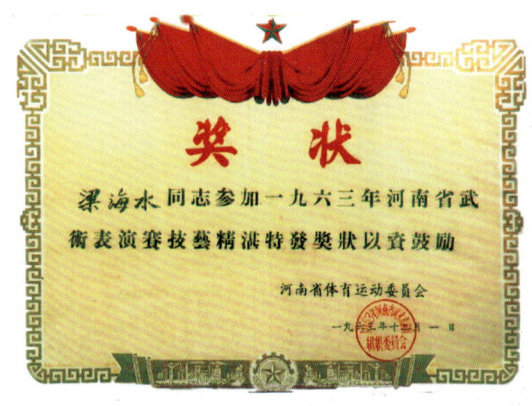

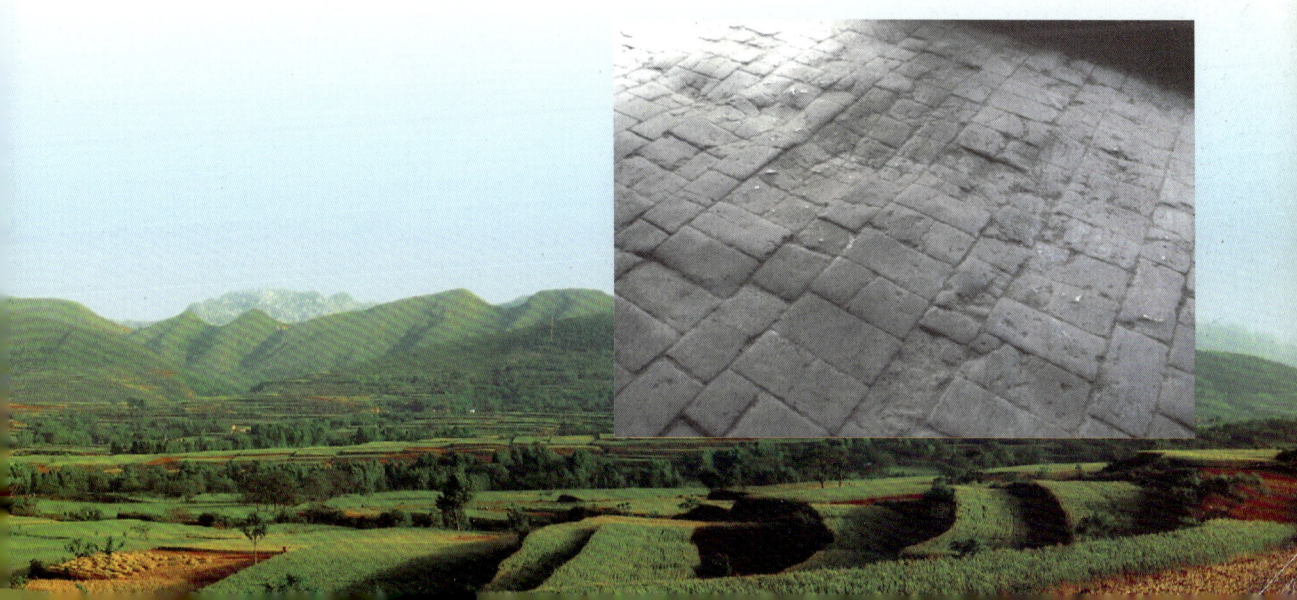

少林宗師名震天下
武術大家氣壯山河

梁以全少林一代宗師
乙酉年夏 楊青芳

高瞻远瞩
GAOZHANYUANZHU

登封少林鹅坡武术专修院　启功

武术世家
以金先生正腕
启源书

以武育人

以全书

致少林鹤坡武术专修院师生

习武学文修练
志在民族复兴

徐才
乙酉年秋

贈以金允

一代大气象家师李世乂日十天

甲申年 張耀庭

登封市鹅坡少林武术专修院

少林真传

蔡龙云

赵堡武院

崇德尚武
文武兼修

北京体育大学教授 门惠丰
庚巳年秋月

少林鹅坡武术专修院正门

少林鹅坡武术专修院西门

梁氏少林达摩杖图谱

高山学艺数十载　老师教我如意拐
往上打日月二起　往下打逆水倒流
往前打白虎登山　往后打乌龙摆尾
往左打虎豹难躲　往右打鹰鹞难飞
青来学龙是武艺　老年学龙当马骑

公元二零零六年秋　梁以全题

嵩山少林拳法 二

少林·鹅坡武术专修院系列教材

梁少飞 主编

河南大学出版社
·郑州·

图书在版编目（CIP）数据

嵩山少林拳法.2 / 梁少飞主编.—郑州：河南大学出版社，2017.9（2020.9重印）

ISBN 978-7-5649-3007-3

Ⅰ.①嵩… Ⅱ.①梁… Ⅲ.①少林拳－教材 Ⅳ.① G852.15

中国版本图书馆CIP数据核字（2017）第229620号

责任编辑　柳　涛　李　慧
责任校对　朱春华
封面设计　徐　刚

出　　版	河南大学出版社
	地址：郑州市郑东新区商务外环中华大厦2401号　邮编：450046
	电话：0371-86059750（高等教育与职业教育分社）
	电话：0371-86059701（营销部）　　　网址：hupress.henu.edu.cn
排　　版	郑州市今日文教印制有限公司
印　　刷	河南文华印务有限公司
版　　次	2017年9月第1版　　　　印　次　2020年9月第3次印刷
开　　本	787mm×1092mm　1/16　　印　张　12
字　　数	211千字　　　　　　　　插　页　9
定　　价	60.00元

（本书如有印装质量问题，请与河南大学出版社营销部联系调换）

前　言

驰名中外的少林武术以其悠久的历史、精湛的技艺、丰富的文化内涵而成为中华武术百花园中一枝璀璨的奇葩。

对中国乃至世界武术的发展产生过重大影响的少林武术，因近代军阀混战，少林寺不幸焚于兵火，大量珍贵的资料几乎丧失殆尽。新中国成立后，特别是在改革开放以来，在各级政府的正确领导及社会各界的大力支持下，少林武术又一次焕发出了勃勃生机。近年来，为了培养更多的少林武术后备人才，同时满足广大武术爱好者的需求，我们编写了一套科学、系统的少林武术专业教材，已付梓于世，同时，这也了却了家父梁以全先生一向的夙愿。

家父是一位以经史为宗的传道解惑者，更是武功精湛的梁氏拳法第十六代传人。他从20世纪70年代就开始整理家传的武术资料。首先从梁氏武术流派的传承中，通过口传耳闻，翔证珍取；再从残碑断章中条分缕析，数十年如一日，于1982年正式出版了《嵩山少林拳法》，并赢得了少林武术界的一致好评。

梁氏家族世代习武尚文，传承少林武术已有700余年的历史。家父秉承祖训，习以教事，长期致力于武术教育和武术人才的培养。他于1978年创立了登封县（今登封市）体委武术队，1981年创办登封县少林武术体校。其后公派到少林寺地区，筹建嵩山少林寺武术馆，任总教练、业务副馆长。在此基础上与北京体育学院（现北京体育大学）创办北京体育学院少林武术专修院。家父60岁又奉命调回登封县体委，创办登封县体委少林武术训练中心。1995年，退休的家父在登封市中岳大街西段创办了少林武术专修院。1997年登封少林武术专修院搬迁到登封市大禹路西段鹅坡岭，改校名为登封市少林鹅坡武术中等专业学校。他为少林武术发展所作出的突出贡献得到了国家和社会各界的广泛认可。家父享受国务院特殊津贴，是国家体育总局武术研究院专家委员会专家，是中国武术九段、武术高级教练。被评为中国当代十大武术名师，国家离退休老干部先进个人，中华武术30年最具影响力人物。还被河南大学等多所高校聘为客座教授。

《嵩山少林拳法》（少林鹅坡武术中等专业学校系列教材）在编写过程中，遵照家父的意见，参阅了《梁氏祖传少林拳谱》《嵩山少林拳法》《少林拳法总讲册集》《体育学院通用教材·武术》以及其它武术论著，并结合多年教学的实际，对原教材进行了升级改版。本套教材共分五册，融少林武术理论与少林武术技术教学为一体。理论方面阐述了少林武术的源流、风格和特点，技术方面展示了少林武术功法、少林拳术与少林器械、少林搏击与摔跤等内容。本套教材内容丰富、图文并茂。既具有系统性与知识性，又具有时代性和可读性。不仅适用于各类武术馆校的武术教学，还为当前的"武术进校园"提供了一套系统而又翔实的少林武术教材。

少林武术源远流长、博大精深，远非一套教材所能涵盖。希望这套教材的出版能对广大少林武术爱好者与研习者起到抛砖引玉的作用。如有不当或错误之处，恳请大家批评指正，以便再版时修订和完善。

编　者

2016年12月1日

目 录

第一章　少林武术概述 …………………………………………… 001

第二章　忍手通背拳 ……………………………………………… 007

第三章　小罗汉拳 ………………………………………………… 023

第四章　大罗汉拳 ………………………………………………… 037

第五章　少林炮拳 ………………………………………………… 059

第六章　少林太祖长拳 …………………………………………… 079

　　第一节　少林太祖长拳颂和动作名称歌 ……………………… 079

　　第二节　少林太祖长拳 ………………………………………… 081

第七章　七星拳 …………………………………………………… 099

第八章　达摩剑 …………………………………………………… 117

　　第一节　剑术基本动作练习 …………………………………… 117

　　第二节　达摩剑 ………………………………………………… 122

第九章　行龙剑 …………………………………………………… 147

第十章　少林单刀 ………………………………………………… 163

　　第一节　刀术基本动作练习 …………………………………… 163

　　第二节　少林单刀 ……………………………………………… 168

第一章　少林武术概述

一、少林武术的渊源

古时候人兽同居。人，飞不如禽，走不如兽。禽兽以爪牙扑人，人以智技制服禽兽。《汉书》云：齐民技击强。荀子云：齐人隆技击。这说明我国很早就有了技击术。北魏孝明帝孝昌三年（公元527年），印度僧人菩提达摩来到中国河南嵩山少林寺，创立佛教禅宗。他不主张用文字传教，而采用"壁观"的办法，静坐修心。他在嵩山五乳峰上的一个天然石洞（原名蚩尤洞，今名达摩洞）中，面壁九年，"寂坐参悟"。由于长期静坐，精神和肉体都不免困倦，而且身居深山密林之中，经常受到毒蛇猛兽的威胁，他便根据山林中虎跃、猴攀、鸟飞、虫爬等动作，并效法我国劳动人民生产和锻炼身体的各种方式，初创了简单的肢体动作，作为健体护身术来研究和练习。有时也随手练练农具、手杖、棍棒等器械。遇到野兽侵袭时，便与之搏斗，这便是达摩铲、达摩杖、少林棍等器械名称的由来。达摩初创的这些简单动作，称不上什么拳术，仅是开创了少林寺僧众健身、防身、养生之先河。

二、少林武术的形成与发展

在历史的长河中，历代僧众依照我国民间流传的健身技击术，吸纳众家拳术之长，兼收并蓄，融会贯通，通过长期演练、创新和总结，使少林武术得以形成和发展。特别是在隋末唐初，隋将王世充盘踞洛阳称王，与唐高祖对抗，直接阻碍了唐王朝的统一。唐高祖李渊带兵征伐失利，其子李世民被掳入洛阳。高祖书约少林寺僧助战。寺僧应诏参战，击败王世充，生擒他的侄子王仁则于柏谷庄。僧兵中立功者13人，其中昙宗和尚被封为大将军。李世民继位后，赠寺田40顷，盖殿宇僧房2000余间，使寺院面积扩大到540亩，僧众达2000余人，并允许寺内建立兵营，训练僧兵。少林寺达到了极盛时期，被誉为"天下第一名刹"。

少林寺养僧兵后，僧众习武就直接与实战联系起来了，这为少林武术的发展，提供了非常有利的条件。为了提高实战能力，寺僧们不仅练拳术、器械，

而且加强了实战技能和马步战术的演练,还经常邀请各地武术名家入寺切磋传艺。如宋朝,曾先后吸纳了宋太祖赵匡胤的太祖长拳、韩通的通背拳、马藉的短打等十八家拳法的精华,汇成拳谱,流传后世。又如金元时期的觉远和尚,出家到少林寺后,感到寺内武艺不佳,便携资西出,访师于陕西及甘肃兰州,聘请名师李叟、白玉锋入寺传授武艺。李叟传大洪拳、小洪拳、擒拿术,白玉锋传气功及龙拳、虎拳、豹拳、蛇拳、鹤拳等。再如明代抗倭名将俞大猷,曾入寺传授临阵实用的棍术。同时,少林武术交流活动的开展,使其在全国各地广为流传。少林武术与诸家流派取长补短,互相交流促进。经过历代演练和总结,少林武术的内容逐渐丰富起来,少林寺即成为全国会武之地,支脉繁茂,驰名中外。

另一说法是,少林武术并非始于达摩,而是首创于跋陀的两个弟子慧光和僧稠。跋陀是印度僧人,于北魏孝文帝太和十九年(公元495年)来中国传教,比达摩早来32年。孝文帝尊崇佛事,为跋陀建少林寺。跋陀喜爱中国武术,收了两个弟子,一个叫慧光,一个叫僧稠,他们二人均是练武的能手。慧光身子轻灵,能在桥栏杆上踢毽子。僧稠刚出家时,身体虚弱,常受师兄弟们的戏弄,便决心发奋练武以自强,后来竟练就了一身好功夫。传说,僧稠曾挥杖赶走在少林寺山门前争斗的两只猛虎。

以上两种说法何者为准,尚需作进一步考证。

三、少林武术的特点与作用

少林武术之所以能够千年传承,受人敬仰,除受一些神话传奇故事的影响外,主要还是因为它的功夫过硬、风格独特、立足于实战。它的套路结构严谨,动作朴实刚健,攻防严密,招式多变,力量的运用灵活而富有弹性,着眼于实用,不练花架子,具有很强的自卫能力。少林寺白衣殿的南北山墙上,各有一幅寺僧练武的壁画,称为"捶谱",是清代道光年间(公元1821~1851年)绘制的。这幅壁画画的是六合拳对练和各种器械对练,生动地记述了当时寺僧练武的情景,也突出了少林武术手、眼、身法、步的特点和攻防含义。千佛殿内练功的脚窝,就是寺僧们一代复一代刻苦练功的见证。在演练套路的形式上,少林武术有拳打"卧牛之地"之说。这说明少林武术在演练时不受场地大小的限制。即使在实战中,也能充分利用地形狭小的不利,发挥出它的威力。"拳打一条线"

也是少林武术的一个鲜明特点。在演练时，它的各种套路演练、动作起落进退，均在一条线上，这是根据实战的需要而设计的。例如，身法八要中要求起、落、进、退、反、侧、收、纵都在一条线上运动。手、眼、身法、步的要求是：身以滚而起，手以滚而出，手法滚出滚入，手臂曲而不曲，直而不直，运用自如，取南北派之长，练时非长不能达气，对搏时非短不能自顾；眼法注目为鹄，以审敌势；身法起横落顺，着重掌握重心，不失平衡；步法进低退高，轻灵稳固，抬腿踢脚，轻如惊鸿，重如泰山。步法注重自然，不强求大弓大马步形。在使用的方法上，少林武术要求内静外猛，即所谓"守之如处女，放之如猛虎"。少林武术的技法常声东击西，指上打下，佯攻而实退，佯退而实进，虚虚实实，刚柔相济，并善于借人之力，顺人之势，制人之身，不与来势顶撞，善用四两拨千斤之势，以智胜蛮。人们又以秀如猫、抖如虎、行如龙、动如闪、声如雷来形容它的变化多端。少林武术在动静、呼吸、运气、用气方面，也有自己的特点。拳诀讲：拳打十分力，力从气中出；运气贵于缓，用气贵于急，缓急神其术，尽在一呼吸。少林武术六合讲，肩与胯、肘与膝、手与足的外三合和心与意、意与气、气与力的内三合之法。内外形成一体，用鼻呼吸，集中劲力，必要时用嘴发出吼声，以震敌胆，克敌制胜。

四、少林武术的历史功绩与历代政府的关系

由于少林武术实战意义强，功夫过硬，历代均有名武僧出现。如前面曾提到的少林和尚昙宗等13人，因救驾有功，留下了"十三和尚救秦王"的佳话（少林寺白衣殿后墙北端有壁画可考）。又如元朝福裕和尚，曾为河南九州岛提督，因保国有功，死后追封为晋国公，少林寺现有碑刻可考。明代程冲斗著《少林棍法禅宗》一书中，曾言及少林棍法源出于"紧那罗王"。少林寺白衣殿后墙南端，有紧那罗王御"红巾军"的大幅壁画。明代诗人也曾以"威镇少室三千里，能抗外患百万兵"的诗句来赞扬他。明代中叶，我国东南沿海一带，经常受到倭寇的侵扰。倭寇劫夺财物，屠杀沿海居民，掳掠人口，给中国沿海地区带来的痛苦和灾难罄竹难书。歼灭倭寇、抗击侵略者是当时人民的迫切要求。嘉靖年间（公元1522～1567），两广总督上书皇帝，要求少林寺僧参与扫平倭寇。少林寺月空和尚，奉命带领40多个武艺高强的僧人，组成了一支僧兵队，开赴松江一带抵御倭寇。在战斗中，他们英勇顽强，奋不顾身，每战必捷，以

金戈铁棒击杀多股倭寇，而他们也血洒疆场壮烈牺牲。皇帝为纪念他们的功绩，在福建建立了少林寺下院（即现在的南少林寺）。同时代的小山和尚是少林寺正宗第二十四代传人，武艺超群，智勇兼备，曾三次挂帅征边，屡立战功。皇帝为他在少林寺山门前立石狮子和旗杆，以嘉其功。明天启五年（公元1625年）春立的《少林观武碑》（此碑在寺内碑林），曾有诗文记载：

暂憩招提试武僧，金戈铁棒技层层。

刚强胜有降魔力，习惯轻挟搏虎能。

定乱策勋真正果，保邦靖世即传灯。

中天缓急无劳虑，中义毗卢演大乘。

少林寺僧不仅历代习武功、佐王室，更重要的是尊崇佛法、传授佛教禅宗。这样虽得到一些统治者的支持，但也遭到一些统治者的反对与摧残。据历史记载，少林寺曾几次遭受火焚与废弃。如南北朝北周建德五年（公元576年），当时因信奉佛教的徒众几乎占了农民的一半，生产受到很大的影响，周武帝宇文邕便采纳了元嵩"定教先后"的建议，下令禁止佛、道二教流传，遣返僧、道、尼姑回家生产。当时少林寺的和尚也星散返家，寺院废弃。元顺帝时，国内的名刹大寺，几乎焚毁殆尽，少林寺也被毁大半。明太祖朱元璋在建立明朝的过程中，因得到少林寺僧的帮助，即皇帝位后，给予寺僧很多方便，使少林寺又得到了一定的恢复和发展。清军入关后，清政府对少林寺僧严加管束，住持僧需由京中派遣，如发现寺僧和周边群众有习拳技者，令地方官府抓捕镇压。据说清道光八年（公元1828年），清朝大员麟庆代替巡抚祭祀中岳。他住在少林寺，想看一看寺僧们的拳法。因当时清朝统治者严禁习武，所以寺僧们在麟庆面前"讳言不解"，不敢承认他们练武。后来，还是麟庆对寺僧们说，少林拳勇自昔有闻……只在谨守清规，保护名山，不必打诳语。寺僧们这才敢在殿前表演拳术。麟庆观后，佩服少林拳法矫捷罕见，与世俗不同。另有一种说法，清雍正皇帝爱武事，来少林寺想看练拳，寺僧们说："无旨不敢练。"皇上下令演练，观后赞赏有加，并画"拳谱"于寺。这些充分反映出了清代统治者对少林武术发展和传承的限制。到了民国十七年（公元1928年），军阀混战。军阀樊钟秀盘踞少林寺。军阀石友三于当年3月15日从辕辕关攻克少林后，发现樊钟秀和寺僧早已逃跑，为泄怒放火烧寺。这是继隋大业年间（公元605～617年）、清康熙年间（公元1662～1723年）之后少林寺遭受的第三次大火灾，也是最

严重的一次。熊熊大火延烧 40 余日。寺内的许多建筑和文物古迹，如天王殿、大雄宝殿、藏经阁、钟鼓二楼，以及古柏、经卷、寺志、拳谱等俱成灰烬。这场浩劫使国家文物蒙受了巨大损失，也给今天研究少林武术的发展史造成了难以克服的困难。

第二章　忍手通背拳

动作名称详解

1. 预备式

两脚并步站立，两臂自然下垂，五指并拢，掌心贴于两腿外侧，挺胸收腹，目视前方（图1）。

图1

2. 起势

左脚向左开步，与肩同宽。两手握拳抱于腰间，拳心朝上，向左摆头，目视左前方（图2）。

图2

3. 白蛇吐芯

身体左转90°，双腿屈膝下蹲成左虚步，左脚蹬地向前跳步，落地成左虚步，同时两拳同时变掌向前插出，掌心向下，左掌在前，与肩同高，右掌放置左肘内侧处，目视前方（图3～5）。

图3　　　　　　图4　　　　　　图5

4. 二郎担山

两掌向前插出，随后右脚蹬地向后跳步，同时两掌变拳，两臂屈肘竖立胸前，落地成右弓步，两拳向两侧同时打出，手臂成一直线，左拳略高于头，右拳与膝同高，头向右摆出，目视右前方（图6、图7）。

图6　　　　　　　　　　图7

5. 对面捶

左脚向右脚靠拢，下蹲成蹲步，同时两拳收于胸前，左肘向左下方，右肘向右上方，拳面相对，头向左摆出，目视左前方（图8）。

图8

6. 左推山式

左脚向前上步成左弓步，左拳变掌向前推出，右拳收于腰间，目视左前方（图9）。

图 9

7. 右推山式

右脚抬起，身体右转180°成右弓步，左掌变拳收于左腰间；右拳变掌向右前方推出，指尖向上，力达掌根，目视右前方（图10）。

图 10

8. 左推山式

左脚抬起，身体左转180°成左弓步，左拳变掌向前推出，右掌变拳收于右腰间，目视左前方（图11）。

图 11

9. 力劈华山

左弓步不变，左掌变拳收于左腰间；右拳变掌经右耳侧向前砍出，与胸同高，力达掌根，目视前方（图12）。

图 12

10. 蹲步砸拳

身体右转 90°，右脚向左脚靠拢，震脚下蹲成蹲步。左拳变掌，掌心向上；右掌变拳，拳心向上，右拳背砸于左掌心上，与胸同高，同时发音"咦"。目视前方（图13）。

图 13

11. 舞花坐山

左脚向左跨步成马步。左掌掌心向下，压于左膝上方；右拳变掌经身体右侧架于头顶上方，掌心向上。头向左前方摆出，目视左前方（图14）。

图 14

12. 云顶

右脚向前一步,身体左转 180°。同时右手掌心向上;经头顶向后云手,变拳抱于腰间,左手掌心向下,经头顶向后云顶,目视前方(图15、图16)。

图 15　　　　　　　　　图 16

13. 双抢手

左掌变拳落于腰间,左脚向前上步成左弓步。两拳变掌向前抢出,左掌在前,右掌落于左肘关节内侧,两掌掌心向上,目视前方(图17)。

14. 海底捞沙

身体前俯,掌心翻转向下,手臂由屈到伸向前下方抓出,右腿不动,左膝后收提起,两掌变拳收于腰间,目视前方(图18、图19)。

图 17

图 18　　　　　　　　　图 19

15. 左抢手

左腿向前上步成左弓步，左拳变掌向前插出，目视左前方（图20）。

图 20

16. 右抢手

右腿向前上步成右弓步，右拳变掌向前插出，左掌变拳收于左腰间，目视右前方（图21）。

图 21

17. 童子拜佛

身体左转90°，变为马步，左拳变掌与右手在胸前双手合十，与肩同高，目视前方（图22）。

图 22

18. 推山掌

身体右转90°成右弓步，同时左掌向前推出，右掌向后推出，与肩同高，目视右前方（图23）。

图23

19. 美人照镜

身体左转90°，左腿屈膝半蹲，右脚收于左脚正前方，脚尖点地，成右虚步。同时右手经右体侧从下向上置于右胸前，掌心向内；左掌掌心向上，托住右肘关节处，目视前方（图24）。

图24

20. 右卧枕

右脚向右上步成右弓步，同时右掌变拳向右，向下抡臂，放于右胸前，左掌变拳向左向上抡臂放于裆部，身体右倾45°，目视左上方（图25）。

图25

21. 左卧枕

右弓步转换为左弓步，同时左拳向右向上格挡放于左胸前，右拳向左向下格挡放于裆部，身体左倾45°，目视右后方（图26）。

图 26

22. 霸王肘

身体左转180°，同时右脚向左脚靠拢，震脚下蹲成蹲步。左拳变掌迎击右手小臂，右肘向左下方横盘，目视右前方（图27）。

正面　　　　　　　　反面

图 27

23. 乌龙卧枕

右脚向右跨半步，两臂左右打开，经身体两侧顺时针环绕一周，身体随臂左右转身，左腿向左上步成左弓步，左掌变拳放于左胸前，右掌变拳放于裆部，目视右后方（图28）。

图 28

24. 双摆柳

左脚向右脚靠拢，脚尖点地成左丁字步；双拳变掌同时向右下方插出，掌心向下，左手放于右肘关节处，目视右斜下方（图29）。

图 29

25. 左抢手

身体左转90°，左脚抬起向前上步成左弓步，左掌掌心向上向前插出，右掌变拳收于腰间，目视前方（图30）。

26. 右抢手

右脚向前上步成右弓步，右拳变掌向前插出，左掌变拳收于左腰间，目视前方（图31）。

图 30

图 31

27. 风扫残云

右脚蹬地跳起，身体向左旋转 360°，右腿随身体做旋风脚，左掌心击拍右脚掌落地（图32、图33）。

图 32

图 33

28. 双摆柳

左脚向右脚脚窝靠拢，两腿下蹲成左丁字步，双掌同时向右下方插出，掌心向下，左手放于肘关节处，目视右斜下方（图34）。

图 34

29. 白蛇吐芯

身体左转 90°，丁字步转换为左虚步，两掌变拳抱于腰间。左脚蹬地向前跳出，成左虚步，两拳变掌向前插出，掌心向下，左掌在前与肩同高，右掌放置左肘内侧处，目视前方（图35～37）。

图 35

图 36

图 37

30. 二郎担山

两掌向前插出，随后右脚蹬地向后跳步，同时两掌变拳，两臂屈肘竖立收于胸前，拳面向上。落地成右弓步，两拳向两侧同时打出，手臂成一直线，左拳略高于头，右拳与膝同高，头向右摆出，目视右前方（图38、图39）。

图 38　　　　　　　图 39

31. 对面捶

左脚向右脚靠拢，下蹲成蹲步，同时两拳收于胸前，左肘向左下方，右肘向右上方，拳面相对，头向左摆出，目视左前方（图40）。

图 40

32. 左推山式

左脚抬起，身体左转180°成左弓步，左拳变掌向前推出，右掌变拳放于腰间，目视左前方（图41）。

图 41

33. 拍脚推掌

左掌变拳收于左腰间，右腿向前弹腿，同时右掌向前迎击右脚脚面。右脚向前落地成右弓步，右掌收于胸前再向前推出，指尖向上，目视前方（图42、图43）。

图42　　　　　　　　　　图43

34. 二起跳脚

接上式右掌变拳收于右腰间，左膝提起，右脚蹬地弹踢，同时右拳变掌向前迎击右脚面（图44）。

图44

35. 夜叉探海

右脚落地后双脚并拢站立，右掌变拳收于右腰间，左膝提起脚面绷紧扣于胸前，两拳变立掌同时向前后插出，与肩同高，目视前方（图45）。

图45

36. 定心肘

右脚蹬地跳起，两脚依次落地成右仆步，左掌变拳收于左腰间，右掌放于左肩下方。随后左脚蹬地腿绷直，左腿屈膝成右弓步，同时右掌变拳，右肘向前方顶出；左拳变掌，指尖向上，掌心推于右拳面，目视前方（图46～48）。

图 46　　　　　　　　正面　　　　　　　　反面
　　　　　　　　　　图 47

正面　　　　　　　　反面
　　　　图 48

37. 门炮拳

左掌变拳，两拳收于腰间，左腿向前弹踢，左脚向前落地成左弓步，同时左拳变掌向前搂出变拳收于腰间；右拳向前冲出，与肩同高，目视前方（图49、图50）。

图 49　　　　　　　　　图 50

38. 挤手炮

身体右转 90°，右脚向左脚并拢震脚，双腿下蹲成蹲步，左拳变掌，两手同时在膝前合击，左掌裹住右拳，双手与膝同高，目视前方（图51）。

图 51

39. 右抢手

身体右转 90°，右脚向右前方上步，成右弓步。左掌变拳收于左腰间；右拳变掌向前插出，掌心向上，力达指尖，目视前方（图52）。

图 52

40. 左抢手

左脚向前上步成左弓步,同时右掌变拳收于腰间,左拳变掌向前插出,目视前方(图53)。

图 53

41. 二起跳脚

右脚向前上步,左掌变拳收于左腰间,左腿提膝扣于胸前;同时右脚蹬地向上跳起,右腿弹踢,右拳变掌向前迎击右脚掌,目视前方(图54)。

图 54

42. 舞花坐山势

右脚震脚落地,左脚向左跨步成马步。双手变拳,左拳由上向下落于左膝上方,拳心向后,右拳由下向上架于头顶上方,拳心向上,头向左摆出,同时发"威",目视左前方(图55)。

图 55

43. 收势

收左脚成站立势，同时两拳收于腰间，拳心向上。双拳变掌，两臂自然下垂，目视前方（图56、图57）。

图56

图57

第三章　小罗汉拳

动作名称详解

1. 预备式

两脚并步站立，两臂自然下垂，五指并拢，掌心贴于两腿外侧，挺胸收腹，目视前方（图1）。

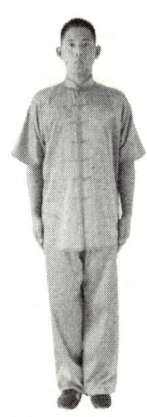

图1

2. 起势

左脚向左开步，与肩同宽。两手握拳抱于腰间，拳心朝上，向左摆头，目视左前方（图2）。

图2

3. 双关铁门

双拳变掌，掌心向后，左掌在内，右掌在外，双手十字交叉同时向下插于腹前，目视前方（图3）。

图3

4. 鹞子翻身

两脚依次跳起，同时右后转体180°右脚落地屈膝下蹲，左脚向前铲出成左仆步，同时双掌由腹前向两侧抡出，经头顶划圆，在胸前交叉向下按，顺势后拉，目视左前方（图4、图5）。

图4

图5

5. 双拳贯耳

重心前移成左弓步。同时双掌变拳，拳心向下，向前横贯，拳心向内，目视前方（图6）。

图6

6. 歇步切掌

身体右转90°，右脚向左脚后退步，两腿下蹲成歇步，同时双拳变掌在面前划弧，左掌下落变拳收于腰间；右掌掌心向下，向右下切出，掌与左膝平，目视右前方（图7）。

图7

7. 弓步双抢手

身体右转270°，右脚向前上步成右弓步，同时双手向颈后作云手变拳抱于腰间，随后双拳变掌向前上方插出，左掌放于右小臂内侧，掌心向上，掌与喉平，目视前方（图8）。

图8

8. 马步双栽拳

身体左转90°，双腿下蹲成马步，同时双掌变拳，经胸前向下栽击于裆前，拳心向后，目视前方（图9）。

（图9）

9. 金鸡独立

身体向右转 90°，右脚向后撤步震脚，提左膝，同时左拳由后向上抡臂下栽于膝上方，拳眼向内，右拳从右后向上，轮架于头顶上方，拳眼向下，目视前方（图10）。

图 10

10. 二起脚

在左脚下落的同时，右脚蹬地跳起，脚尖绷直，向前上方弹踢。同时右拳变掌，向前迎击右脚面；左拳收于腰间，拳心向上，目视前方（图11）。

图 11

11. 虎扑

左脚下落，两脚同时向前，跳跃落地后成蹲步，双手变虎爪由前向下抓于两腿外侧，目视前方（图12）。

图 12

12. 提膝穿心炮

身体起立提左膝，同时两爪变拳成立拳向前后冲出，高于肩平，拳眼向上，目视前方（图13）。

图 13

13. 护耳双冲拳

左脚下落同时右脚蹬地向前跳跃落地成右弓步。同时前拳变掌向后云手，经头顶上方向后变拳，成立拳向前冲出，双臂与肩平，目视前方（图14、图15）。

图 14　　　　　　　　　图 15

14. 护耳单冲拳

右脚蹬地向前跳跃，落地成右弓步，同时右拳变掌，经头顶上方做云手，变拳经腰间成立拳向前冲出，拳心向下，左拳收回腰间，目视前方（图16、图17）。

图 16　　　　　　　　　图 17

15. 弓步左冲拳

右弓步不变。右拳收于腰间，拳心向上；同时左拳向前冲出，拳心向下，与肩平，目视前方（图18）。

图 18

16. 弓步右冲拳

右弓步不变。左拳收于腰间，拳心向上；右拳向前冲出，拳心向下，与肩平，目视前方（图19）。

图 19

17. 虚步观阵式

右脚向后退步，成左虚步，右拳向下向后划弧架于头顶，拳心向前，同时左拳由后向上抡臂，经面前下栽于左膝上方，拳心向外，目视前方（图20）。

图 20

18. 虎扑

左脚上步蹬地,两脚同时向前跳出,落地后成蹲步,双手变虎爪,由前向下抓于双腿外侧,目视前方(图21)。

图 21

19. 老虎大张嘴

身体起立提左膝,身体顺势右转。同时双手变拳向斜上方冲出,拳心向对,右拳与肩平,左拳在头顶上方,目视右前方(图22)。

图 22

20. 左踹腿

左脚脚尖勾紧向左侧踹出,同时左拳顺势变掌向左侧推出,放于左大腿上方;右拳置于太阳穴处,目视左前方(图23)。

图 23

21. 云顶切掌

落左脚，上右脚，左脚向右脚后插出，双腿下蹲成歇步，同时两掌由右依次向上云手，左掌下落变拳收于腰间，右掌向右下方切出，掌心向下与膝平，目视右前方（图24）。

图 24

22. 龙行步

双腿起立，身体顺势左转90°，同时右掌变拳收于腰间，拳心向上。随后左脚向前上步，右脚向左脚后方跟步，双腿下蹲成歇步。同时双拳十字栽击于双膝前，拳心向后，左拳在下，目视前方（图25、图26）。

图 25　　　　图 26

23. 弓步冲拳

身体右转180°，成右弓步，同时右拳变掌经胸前搂手后变拳收于腰间，拳心向上，左拳成立拳向右前冲出，目视前方（图27）。

图 27

24. 连环掌

（1）左拳变掌，收于腰间；右拳变掌，向前推出于肩平。随后，左掌从腰间向前推出与肩平，同时右掌收于腰间，目视前方（图28、图29）。

（2）右脚向后退步成左弓步。同时，左掌收于腰间；右掌向前推出与肩平，目视前方（图30）。

（3）右脚提起向前上步成右弓步。同时，右掌收于腰间，随后左右掌交替向前推出，臂与肩平，目视前方（图31）。

图28　　　　　　　　图29

图30　　　　　　　　图31

25. 双栽拳

双腿起立，双掌变拳收于腰间，左脚向前上步，右脚向左脚后方跟步，双腿下蹲成歇步。同时双拳十字栽击于膝前，拳心向后，左拳在下，目视前方（图32）。

图32

26. 左劈腿

双腿起立，双手收于腰间，随后右脚向前上步，左拳曲臂放于面前，左脚脚尖勾起，向上踢出。同时，左拳向下劈出，目视前方（图33）。

图 33

27. 罗汉睡觉

左脚向前落地，身体左转90°，双腿下蹲，臀部着地成坐盘。同时，右肘抵放左脚腰，右拳放于右太阳穴处，左拳向下放于右脚窝，拳心向外，目视左斜上方（图34）。

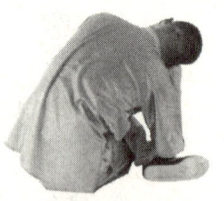 

正面　　　　　　　　　反面

图 34

28. 马步亮掌

双脚蹬地，身体顺势右转180°，同时双掌向右前方推出，右掌在前，左掌放于右臂内侧，右掌与肩平，目视右前方（图35）。

图 35

29. 旋风脚

身体左后旋转360°，同时左脚提起，右脚蹬地跃起，右腿随身体旋转做旋风脚，左掌击打右脚掌，右拳收于腰间，目视前方（图36）。

图36

30. 歇步双栽拳

右脚落地，随后向左脚后插步，双腿下蹲成歇步。同时左掌变拳收于腰间，双拳十字栽击于膝前，两拳拳心向后，左拳在下，目视前方（图37）。

图37

31. 仆步左切掌

右腿蹬地跳起，左腿屈膝提起，同时，右拳收于腰间，拳心向上，左拳变掌，立于右肩窝处，掌心向外。落地后，左腿绷直左伸，右腿下蹲成左仆步，左掌向左前方切掌至左脚面，目视左前方（图38、图39）。

图38

图39

32. 仆步右切掌

左腿蹬地跳起,右腿屈膝提起,同时,左掌变拳收于腰间,拳心向上,右拳变掌,立于左肩窝处,掌心向左。落地后,右腿绷直前伸,左腿下蹲成右仆步,右掌向右前切至右脚面,目视右前方(图40、图41)。

图40　　　　　　　　图41

33. 虚步推掌

右腿向后辙步下蹲,左脚向前上步虚点成左虚步。同时,右掌变拳收于腰间,随后双拳变掌向前推出。左掌在前,右掌置于左臂内侧,目视前方(图42)。

图42

34. 单拍脚

上左腿,右腿向前弹踢,同时右拳变掌向前迎击右脚面,左掌变拳收于腰间,拳心向上,目视前方(图43)。

图43

35. 英雄坐山

右脚向后辙步，屈膝下蹲，左腿屈膝盘于右腿上方，同时右掌变拳向后上抡劈架于头顶，左拳在身体左侧拉起下栽于左膝关节上方，拳心向左，目视左前方（图44）。

正面

反面

图 44

36. 虎扑

左脚落地，双脚蹬地向前跃出，落地后成蹲步，同时双拳变虎爪，由前向下抓于两腿外侧，目视前方（图45）。

图 45

37. 老虎大张嘴

右脚向右侧上步成右弓步，同时两爪变拳向斜上方冲出，两拳拳眼相对，右拳与肩平，左拳放于头顶上方，目视前方（图46）。

图 46

38. 歇步双栽拳

右脚向左脚后插步，双腿下蹲成歇步。双拳同时十字栽击于左膝前，右臂在前，双拳拳心向后，目视前方（图47）。

图47

39. 舞花英雄坐山

右脚震脚，左脚向左跨步，双腿下蹲成马步。同时右拳由下往上划弧，架于头顶上方，拳心向上，左拳由上向下划弧放于左膝上，拳心向后，同时发音"威"，目视左前方（图48）。

图48

40. 收势

收左脚成站立势，两拳收于腰间，拳心向上。双拳变掌，两臂自然下垂，目视前方（图49、图50）。

图49

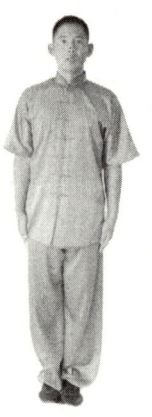

图50

第四章　大罗汉拳

动作名称详解

1. 预备式

两脚并步站立，两臂自然下垂，五指并拢，掌心贴于两腿外侧，挺胸收腹，目视前方（图1）。

图1

2. 起势

左脚向左开步，与肩同宽。两手握拳抱于腰间，拳心朝上，向左摆头，目视左前方（图2）。

图2

3. 蹲步抄拳

右脚向左脚并步，两腿屈膝下蹲，右拳向前抄出，拳心斜向上方。左手变掌，掌心向下放手右小臂上方，目视前方（图3）。

图 3

4. 仆步切掌

原地跳起背腰分掌,目视右后方,两腿依次落地,右腿全蹲,左腿绷直向前铲出成仆步,左掌沿左腿切至左脚面,掌心向下,右掌变拳收于腰间,目视左前方(图4、图5)。

图 4

图 5

5. 怀中抱月

重心左移,右腿向左腿并步,双手掌心相对在胸前,交叉平行划圆,左掌贴于丹田,掌心向上,右掌贴于胸前,掌心向下,目视前方(图6)。

图 6

6. 仆步切掌

右腿下蹲，左腿向左前方绷直铲出成左仆步。同时右掌变拳收于腰间，左掌沿左腿内上侧左切至左脚面，目视左前方（图7）。

图 7

7. 弓步冲拳

重心左移，右腿绷直，左腿屈膝成左弓步。同时左掌变拳收于左腰间；右拳从腰间向前冲出，与肩平，目视前方（图8）。

图 8

8. 歇步冲拳

身体向右后转270°，双腿下蹲成歇步。右拳变掌向右后搂手后抱拳于腰间，左拳从腰间向前冲出与肩平，目视前方（图9）。

正面　　　　　　　反面

图 9

9. 马步架打

左拳变掌收于右肩窝处，同时右拳变掌从腰间向左下方插掌，然后左脚向左上步成马步，右掌上架于头顶，掌心向上，左掌变拳向左前方冲出，与肩平，力达拳面，目视左前方（图10、图11）。

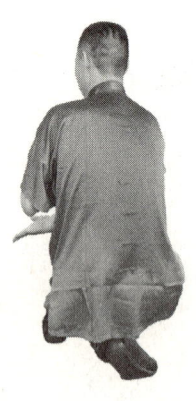
图 10

图 11

10. 弓步砍掌

身体左转90°成左弓步。同时右掌翻掌向前方砍出与肩平，掌心向上，左拳收于腰间，目视前方（图12）。

图 12

11. 右踹腿

右脚屈膝提起，脚尖内扣向右上方踹出，力达脚跟，同时右掌变拳收于腰间，目视前方（图13）。

图 13

12. 弓步推掌

右脚落地成右弓步，同时右手从腰间向前推出，与肩平，目视前方（图14）。

图 14

13. 上步推掌

上左步，左掌从腰间向前推出与肩平，目视前方（图15）。

图 15

14. 虚步挑掌

右腿向右后撤步转身180°，左脚尖点地成左虚步，双手从腰间向上挑掌，双掌竖立于胸前方，目视前方（图16）。

图 16

15. 抱手缩身

身体右转90°，左脚向右脚靠拢，贴于右脚心，脚尖垂直点地，右腿下蹲成丁步。同时双掌握拳，右臂屈肘贴于胸前，左臂经右臂内侧向左下栽拳，目视左前方（图17）。

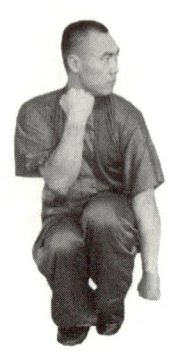

图 17

16. 弓步盘肘

左脚向左上步成左弓步，身体向左转90°，同时右臂屈肘向前方砸肘，左掌贴于右拳，力达右肘，左拳变掌贴于右拳背，目视前方（图18）。

17. 跳步冲拳

（1）右腿提膝上步，右拳由内向上翻转，向前反背迎面击打，稍高于肩，拳心向上，左掌放于右肘关节下方，目视前方（图19）。

图18

（2）上动不停，右拳向内下翻转收回，再向前方冲出与肩平，拳心向下，左掌放于右肘关节上方，目视前方（图20）。

图19　　　　　　　图20

18. 歇步冲拳

（1）上动不停，右脚向前落步成右弓步，右拳收回腰间，拳心向上，左掌放于右拳上方，掌心向下，目视前方（图21）。

（2）身体左后转体270°，双腿下蹲成左歇步，同时左手向左后搂手，顺势变拳收回腰间，右拳向前冲出与肩平，右手与肩平，力达拳面，目视前方（图22）。

图21　　　　　　图22

19. 跪步砸拳

右脚向右上步,右腿下蹲,左腿屈膝成跪步,同时右拳拳眼向上,向右膝外侧前下方砸出,力达右拳,目视前方(图23)。

图 23

20. 左踹腿

右拳收回腰间,左腿屈腿提膝向后踹出,摆头目视左后方,双手抱于腰间,力达脚跟(图24)。

图 24

21. 劈腿

左脚收回向前上步,右腿用力向前上方踢起,同时右拳上提至肩,自上向下劈出,拳心向内,目视前方(图25)。

图 25

22. 罗汉睡觉

右脚落地,左脚向前上步成交叉步,身体向下成坐盘,右拳放于太阳穴,右肘放于左脚心,左拳放于右脚踝,拳心向后,目视左后方(图 26)。

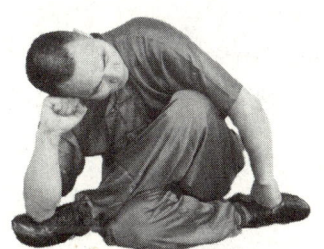

图 26

23. 马步冲拳

站立,身体后转 180°成马步,同时左拳成立拳向左方冲出,右拳抱于腰间,目视左前方(图 27)。

图 27

24. 白猿洗面

（1）身体左转90°右腿向前方提膝，双掌内撩于脸前，头稍向后仰（图28）。

（2）右脚落地成右弓步，双手由内向前下冲出，双手位于右膝两侧，拳心向内，目视前方（图29）。

图28　　　　　　　图29

25. 力劈华山

两脚蹬地跳起，身体右后转体180°，落地后成马步，同时右手由上向下劈掌与肩平，左拳收于腰间，目视前方（图30）。

图30

26. 分心掌

左脚向前上步成左虚步，左手向前推掌与肩平，右手向上架于头顶，手心向上，目视前方（图31）。

27. 击手炮

身体右转90°，左脚落地，同时右掌变拳，右臂屈肘向上抄起，拳面对太阳穴，左掌下按于左胯旁，提右膝，右脚向左脚并步震脚，双腿下蹲成蹲步。同时，左掌掌心向上，放于两膝前；右拳向下砸于左掌上，同时发音"咦"，目视前方（图32）。

图31

图 32

28．千斤坠

左脚向左上步成马步。同时，左掌变拳，双拳内扣由身体两侧上拉起，顺势下栽放于左、右膝上，拳心向后，目视左前方（图33）。

图 33

29．狮子抖身

左腿直立，右脚提起绷直放于左膝前上方。左拳拳心向上屈臂于左胸前，右拳拳心向上收于右腰间，目视前方。右脚落地，左脚抬起向左跳步，双腿下蹲成马步。两臂贴于腰间，同时抖身发丹田之力，目视前方（图34、图35）。

图 34 图 35

30. 连环三掌

（1）向左转90°左脚在前成左弓步，右拳变掌从腰间向前推出，目视前方（图36）。

（2）左脚向后撤步成右弓步，左拳变掌从腰间向前推出，目视前方（图37）。

（3）右脚向后撤步成左弓步，右拳变掌从腰间向前推出，目视前方（图38）。

图36　　　　　图37　　　　　图38

31. 丁步格掌

身体右转身90°左脚向右脚并步成丁步，双掌向右方格挡，右臂与肩平，左掌立掌放于右肘关节内侧，目视右前方（图39）。

图39

32. 前扫腿

左脚向左跨步，右腿伸直经左脚下向左后扫转360°，双掌扶地，成右仆步（图40~42）。

图 40　　　　　　图 41　　　　　　图 42

33. 丁步格掌

重心右移，左脚向右脚并步，脚尖垂直点地放于右脚脚窝处成右丁步。同时，双手立掌从左下方经面前向右前方格出，右掌在前，右臂与肩平，左掌立掌放于右肘关节内侧，力达掌根，目视右前方，（图43）。

图 43

34. 仆步切掌

左脚向左前方上步，蹬地跳起，两脚依次向前落步，右腿全蹲，左腿向前铲出成左仆步，同时两手左胸前交叉做缠丝手，右拳放于腰间，左掌向左切至左脚面，目视左前方（图44、图45）。

图 44　　　　　　　　　　图 45

35. 弓步冲拳

重心左移，右腿绷直，左腿屈膝成左弓步，同时左掌向左搂手后变拳收回腰间；右拳从腰间向前冲出与肩平，目视前方（图46）。

图46

36. 提膝护裆锤

右脚上步，左腿提膝，两臂随身体左右转动抡臂一周，右手抱至右肩前，左手下栽于裆前，目视左前方（图47）。

图47

37. 丁步下冲拳

左脚向左跳步落地，右脚跟随放于左脚脚窝处，双腿下蹲成右丁步。同时，双拳在胸前交叉相抱，左拳放于左肩窝处，右拳下冲至右腿外侧，拳心向后，目视右前方（图48）。

图 48

38. 弓步顶肘

右脚向右上步成右弓步，右肘屈臂向右顶出，左手立掌于右拳面，目视前方（图 49）。

图 49

39. 迎面捶

步子不动，右拳向前反背崩出，左掌放于右肩窝处，目视前方（图 50）。

图 50

40. 弓步推掌

左脚向前落地成左弓步，左掌向前推出，与肩平，右拳收于腰间，目视前方（图51）。

图51

41. 单拍脚

右脚提起向前上弹踢，右拳变掌向前，以掌心迎击脚面，左掌变拳收于腰间，目视前方（图52）。

42. 金鸡独立

右脚落地在前，右掌变拳收于腰间，身体左后转180°。左腿提膝，脚尖绷直内扣于右膝关节前，右腿直立，同时右拳变掌向右前方推出，左拳收于左腰间，目视前方（图53）。

图52　　　　　　图53

43. 左右卧枕

（1）左脚向前落地，右脚脚尖外展向右前上步，身体右转180°，左脚向左落地成左弓步。同时左拳拳心向内屈臂放于左胸前；右掌变拳下栽护于裆部，拳心向后，目视右前方（图54）。

（2）身体向右转成右弓步，右拳拳心向内屈臂放于右胸前，左拳拳心向后下栽护于裆部，目视左前方（图55）。

图 54　　　　　　　　　　图 55

44. 左右蹿腿

（1）左手臂放置裆前，右臂放于右肩前，右腿站立，左腿屈膝提起向左上方蹿出，高于头平，力达左脚根，同时目视左前方（图56）。

（2）左脚落地，身体向左后方体转180，右脚勾踢提起向右上方蹿出，高于头平，力达右脚根，左手向左格挡放于右肩前，右手轮至一周下栽拳护于裆前，目视右前方（图57）。

图 56　　　　　　　　　　图 57

45. 弓步顶肘

右脚向右落地成右弓步。同时，右拳拳心向下放于胸前，左拳变掌推动右拳，使右肘向右撞击，力达肘尖，目视右前方（图58）。

图 58

46. 绷面拳

步子不动，右拳向前反背崩出，左掌托于右肘关节下，目视前方（图59）。

图 59

47. 回头望月

重心左移，左后转180°成左弓步，右臂内旋经左臂内侧向右下冲击，顺势放于右腿外侧；左掌掌心向右竖于右肩窝处，目视右后方（图60）。

图 60

48. 卧枕

（1）步子不变，左掌变拳向左冲出，力达拳面，目视左前方（图61）。

（2）上右步成右弓步，左拳经左下方轮至一周下栽与裆前，同时右臂向左经左臂外格挡，位于右胸前，目视左后前方（图62）。

图61　　　　　　正面　　　　图62　　　　反面

49. 悬崖勒马

身体右转90°，左腿绷直站立，右腿提膝，双拳变掌，由右下向上划圆，双掌变拳向胸前崩击，右拳在前，左拳放于右肘弯内侧，双拳拳心向上，目视前方（图63）。

图63

50. 左右冲拳

（1）右脚向前落地，双腿下蹲，同时右拳向前下冲，左拳抱于腰间，目视前下方（图64）。

（2）左脚向前上步，双腿下蹲，同时，左拳向前下冲，右拳抱于腰间，目视前下方（图65）。

图 64　　　　　　　　图 65

51. 碎心脚

左拳变掌收于右肩窝处，同时右手后放至右脚根处。起身左腿站立。右腿提膝向后踹腿，同时左掌变拳收于腰间，右掌向后切掌至右腿上方，目视右后前方（图66、图67）。

图 66　　　　　　　　图 67

52. 腾空二起脚

右脚向前落地，同时两掌变拳放于腰间，提左膝，右腿蹬地向前上弹踢，右拳变掌以掌心击打右脚面，目视前方（图68）。

图 68

53. 坐山势

右脚落地，左脚向前上步，双腿下蹲成马步。同时，右掌变拳，向上架于头顶，拳心向上，左手向右下栽于左腿上方，拳心向后，同时发音"威"，目视左前方（图69）。

图 69

54. 收势

（1）左脚向右并步，双腿直立，双拳抱于腰间，目视前方（图70）。

（2）两臂自然下垂，目视前方（图71）。

 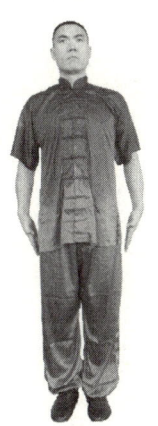

图 70　　　　　　图 71

第五章　少林炮拳

动作名称详解

1. 预备式

两脚并步站立，两臂自然下垂，五指并拢，掌心贴于两腿外侧，挺胸收腹，目视前方（图1）。

图1

2. 起势

左脚向左开步，与肩同宽。两手握拳抱于腰间，拳心朝上，向左摆头，目视左前方（图2）。

图2

3. 截把捶

左脚向左前方上步，同时左拳变掌屈臂向左前方搂抓握拳；至于左膝上方。提右膝，同时左拳回收至腰间，右臂屈肘内旋，向前上拉起于肩上方，右脚向前落步成右弓步，右臂屈臂向下横截至右膝关节上方，目视前方（图3、图4）。

图 3　　　　　　　　图 4

4. 摘心捶

身体左后转体180°，同时，左拳变掌收至胸前，右拳拳心向上经腰间向前方冲出，屈臂回收，左掌顺势至右臂上方，掌心向下，目视前方（图5）。

图 5

5. 枯树盘根

身体向右转，两腿屈膝成马步，左掌变拳收回腰间，同时，右拳向右下劈拳后收至腰间；身体右转成右弓步，左拳向右下劈拳，拳心向上；身体左转变马步，肩膀向左后靠出，同时两臂屈肘向左横拉至左胸前，拳心向内，目视右前方（图6～8）。

图 6　　　　　　图 7　　　　　　图 8

6. 虎抱头

上体先向微向右，同时左臂屈肘向右横格，再向左转，同时右臂屈肘向左横格；右脚脚面绷直收于左脚内侧成右丁步，同时左臂屈肘架于头顶上方，拳眼向下，右拳下栽于两腿中间，拳眼向内，目视右前方（图9~11）。

图9　　　　　图10

正面　　　　　反面

图11

7. 云顶七星

右后转体270°，同时两拳变掌，掌心向上，左右两掌依次经头顶由右向左云手；两掌变拳收回腰间，接着上右步，左脚跟于右脚内侧成左丁字步，同时右拳向前冲出与肩平，左臂屈肘，左拳放于右肘关节内侧，目视前方（图12、图13）。

图12　　　　　图13

8. 马步单鞭

左脚向左跨步，身体左转成马步，同时两臂屈肘抱于胸前，两拳同时向身体两侧冲出与肩平，拳心向下，目视左前方（图14）。

图 14

9. 虎抱头

上体微向右、左转，同时右臂屈肘向左横格，左臂屈肘向右横格；左脚脚面绷直收于右脚内侧成左丁步，同时右臂屈肘架于头顶上方，拳眼向下，左拳下栽于两腿中间，拳眼向内，目视左前方（图15）。

图 15

10. 双关铁门

体左转，左脚向左虚点成左虚步，同时两臂屈肘内合于胸前，左拳与肩平，右拳拳心向上贴于左小臂内侧，目视前方（图16）。

图 16

11. 左斜形

上右步，左脚脚面绷直向前上弹出；落步成左弓步，同时右拳向前冲出与肩平，左拳向左后鞭打略高于肩，两拳拳心向下，目视前方（图17、图18）。

图17　　　　　　　　图18

12. 双关铁门

左脚微收成左虚步，同时两臂曲肘内合于胸前，左拳与肩平，右拳拳心向上贴于左小臂内侧，目视前方（图19）。

图19

13. 右劈腿

身体起立，上左步，同时左拳抱于腰间，右臂曲肘至右肩前；右脚脚尖勾紧向上踢起，同时右拳在身体右侧向下劈出，拳心向内，目视前方（图20）。

图20

14. 右斜形

右脚下劈后向前落步成右弓步，同时两臂屈肘抱至胸前，接着左拳向前冲出与肩平，右拳向右后鞭打略高与肩，两拳拳心向下，目视前方（图21）。

图 21

15. 十字拍脚

身体起立，两拳收回腰间。左脚脚面绷直向前弹踢于腰平，右拳变掌向前插出迎击左脚面，右掌变拳收于腰间；左脚前落，右脚脚面绷直向前弹踢于腰平，左拳变掌向前出迎击右脚面，左掌变拳收于腰间；右脚前落，左脚脚面绷直向前弹踢于腰平，右拳变掌向前插出迎击右脚面,右拳收于腰间,目视前方（图22～24）。

图 22　　　　　图 23　　　　　图 24

16. 摘心捶

身体左后转身180°，同时左脚下落经右腿向后横向绞缠一周并顺势屈膝上提；脚面绷直向前弹踢，落地成左弓步，同时右拳拳心向上，向前上方冲出，屈臂回收，左拳变掌放至右小臂上方，掌心向下，目视前方（图25）。

图 25

17. 枯树盘根

身体向右转,右腿经左腿后方退半步,屈膝下蹲成歇步,左掌变拳收回腰间,同时,右拳向右下劈拳后收至腰间,身体右转,左腿向左退步成右弓步,左拳向右下劈拳,拳心向上,身体左转变马步,肩膀向左后靠出,同时两臂屈肘向左横拉至左胸前,拳心向内,目视右前方(图 26～28)。

图 26　　　　　图 27　　　　　图 28

18. 乌龙探爪

身体右转变右弓步,同时两拳变掌虎口相对向前平抓;接着左腿屈蹲,右脚回收虚点成右丁步,同时身体左转回带,两掌变拳向回抓收回右腰间,拳眼相对,目视右前方(图 29、图 30)。

图 29　　　　　　　图 30

19. 拦腰捶

右脚向前上步，左脚跟步，同时两拳侧立，拳眼相对向前冲出于腰平，目视冲拳方向（图31）。

图31

20. 黑虎登山

身体右转180°，同时左脚脚尖勾起，脚掌擦地向右勾踢，顺势屈膝上提，同时两拳变掌，掌根相对在胸前翻拧一周后右掌扣抓左脚底，左掌掌心向下放于右掌根处，动作不停，左脚向左前方踹出，同时右掌变拳后拉至腰间，左掌顺踹腿方向推出，目视左前方（图32、图33）。

图32　　　　　　　　图33

21. 迎面盖打

左脚落地成左弓步，同时上体前倾，左掌回收胸前同时右臂屈肘向前下盖出，左掌拍抓右手腕，目视前方（图34）。

图34

22. 乌龙探海

身体右后转体180°成右弓步，同时两拳变掌，向前下抓出，接着身体起立，身体直立，右脚回收绷直虚点成右高虚步，同时两掌变拳收至腰间，拳心向上，目视前方（图35、图36）。

图 35　　　　　　　　　　图 36

23. 撅柴

右脚向前上步，左脚跟步，同时双拳拳心向上向前冲出；接着右脚蹬地向前跳出，下落时两脚并步下蹲，两拳在体前向两侧下劈，拳心向后，目视右拳方向（图37、图38）。

图 37　　　　　　　　　　图 38

24. 双风贯耳

身体起立，同时，两臂屈肘向内贯拳于胸前，拳面相对；接着沉肘里合，两臂合拢立于胸前，目视前方（图39、图40）。

图 39　　　　　图 40

25. 劈腿

上左步，同时左拳抱于腰间，右臂屈肘放于右肩前，接着右脚脚尖勾紧向上踢起，同时右拳在身体右侧向下劈出，目视前方（图 41）。

图 41

26. 右斜形

右脚下劈后向前落步成右弓步，同时两臂屈肘抱于胸前，接着左拳向前冲出与肩平，右拳向右后鞭打略高与肩，两拳拳心向下，目视前方（图 42）。

27. 迎面捶

上左步成左弓步，同时左拳变掌向前抓拧翻腕摊掌，上体前倾，右拳向前冲出击打左掌心，拳心向下，目视右拳方向（图 43）。

图 42

图 43

28. 云顶七星

身体右转，同时两拳变掌，左右两掌掌心向上，依次经头顶由右向左云手，两掌下落变拳收回腰间；接着左脚脚面绷直跟与右脚内侧成左丁步，右拳向前冲出与肩平，左臂屈肘，左拳至右肘关节内侧，目视前方（图44）。

图 44

29. 马步单鞭

左脚向左跨步，身体左转成马步，同时两臂屈肘抱于胸前，两拳同时向身体两侧冲出与肩平，拳心向下，目视左前方（图45）。

图 45

30. 虎抱头

上体微向右、左转，同时右臂屈肘向左横格，左臂屈肘向右横格，同时右拳收于腰间；左脚脚面绷直收于右脚内侧成左丁步，同时右臂屈肘架于头顶上方，拳眼向下，左拳下栽于两腿中间，拳眼向内，目视左前方（图46）。

图 46

31. 右卧枕

左脚向左前方上步冲左拳，右拳收于腰间，左拳在身体右侧向下向后向前轮臂一周，同时两脚蹬地换跳，左后转身180°成右弓步，左臂轮臂不停，右拳从腰间向上轮臂画圆，两臂在体前交叉，左拳在外下格于左腿处，右拳在左臂内侧向右斜上方冲出，并顺势回收至右肩处，拳眼向外，目视左后方（图47、图48）。

图 47　　　　　　　　图 48

32. 摘心捶

身体左后转体180°，同时，左拳变掌收至胸前，右拳拳心向上经腰间向前方冲出，屈臂回收，左掌顺势至右臂上方，掌心向下，目视前方（图49）。

图 49

33. 枯树盘根

身体向右转，右腿经左腿后方退半步，屈膝下蹲成歇步，左掌变拳收回腰间，同时，右拳向右下劈拳后收至腰间，身体右转，左腿向左退步成右弓步，左拳向右下劈拳，拳心向上，身体左转变马步，肩膀向左后靠出，同时两臂屈肘向左横拉至左胸前，拳心向内，目视右前方（图50～52）。

图 50　　　　　　图 51　　　　　　图 52

34. 鹞子翻身

右拳变掌向右前下切掌于膝平,同时左拳收回腰间,接着两脚依次蹬地跳起,身体右后转体180°,左拳变掌,两掌根相对在面前翻拧一周,右脚下落屈膝全蹲,左脚前伸成左仆步,同时左掌向左脚面处切出,右掌变拳收于腰间,目视左前方(图53～55)。

图 53　　　　　图 54　　　　　图 55

35. 迎面盖打

上体前倾,左掌回收胸前同时右臂曲肘向前下盖出,左掌抓右手腕,目视前方(图56)。

图 56

36. 乌龙探海

身体右后转体180°成右弓步,同时两拳变掌,向前下抓出,接着身体起立,身体直立,右脚回收绷直虚点成右高虚步,同时两掌变拳收至腰间,拳心向上,目视前方(图57、图58)。

图 57　　　　　图 58

37. 撅柴

右脚向前上步，左脚跟步，同时双拳拳心向上向前冲出；接着右脚蹬地向前跳出，下落时两脚并步下蹲，两拳在体前向两侧下劈，拳心向后，目视右拳方向（图59、图60）。

图 59　　　　　　图 60

38. 双风贯耳

身体起立，同时，两臂屈肘向内贯拳于胸前，拳面相对；接着沉肘里合，两臂合拢立于胸前，目视前方（图61、图62）。

图 61　　　　　　图 62

39. 右劈腿

上左步，同时左拳抱于腰间，右臂曲肘放于右肩前，接着右脚脚尖勾紧向上踢起，同时右拳在身体右侧向下劈出，目视前方（图63）。

图 63

40. 右斜形

右脚下劈后向前落步成右弓步，同时两臂屈肘抱于胸前，接着左拳向前冲出与肩平，右拳向右后鞭打略高与肩，两拳拳心向下，目视前方（图64）。

图 64

41. 抓毛篮

身体左转，同时左拳收于腰间，右拳变掌在身体右侧由下向左搂抓，接着身体起立，顺势提右膝，右臂屈肘内旋提至右肩上方，左拳变掌下按于左胯旁，目视前方；右脚下落并步震脚，同时右拳下砸至腹前，左掌迎击右拳背，同时发音"咦"，目视前方（图65、图66）。

图 65　　　　正面　图 66　　反面

42. 连环炮

右脚向右上步冲右拳与肩平，同时左掌变拳收于腰间，上左步冲左拳与肩平，右拳收于腰间；插右步，身体右后转体180°冲右拳与肩平，左拳收于腰间；上左步左拳变掌向前推出于肩平，右拳收于腰间，目视前方（图67～70）。

图 67

图68　　　　　图69　　　　　图70

43. 迎面盖打

重心左移上体前倾左掌收至胸前，右臂曲肘向前下盖出，左掌抓右手腕，目视前方（图71）。

图71

44. 乌龙探海

身体右后转体180°成右弓步，同时两拳变掌，向前下抓出，接着身体起立，身体直立，右脚回收绷直虚点成右高虚步，同时两掌变拳收至腰间，拳心向上，目视前方（图72、图73）。

图72　　　　　　　　　图73

45. 撅柴

右脚向前上步，左脚跟步，同时双拳拳心向上向前冲出；接着右脚蹬地向前跳出，下落时两脚并步下蹲，两拳在体前向两侧下劈，拳心向后，目视右拳方向（图74、图75）。

图74　　　　　　　图75

46. 罗汉观阵

身体起立，同时身体左转，左拳收于腰间，右臂沉肘向左横格于右肩前，左脚脚面绷直向前虚点成左高虚步，目视左前方（图76）。

图76

47. 提手炮

左脚向左上步右拳拳背由下向前击出，左脚蹬地向前跳起，同时左拳变掌在胸前拍击右手腕，同时，右拳外旋半周后双手后带。右腿落地屈膝全蹲，左脚向前伸出成左仆步，右拳抱于腰间，左掌向左脚面处切出，目视左前方（图77、图78）。

图77　　　　　　　图78

48. 美人照镜

重心前移，身体左转，左腿屈蹲，右脚扣于左膝弯处，同时右拳变掌向前上插掌，左掌至右小臂内侧，目视前方（图79）。

图79

49. 束身

身体右转，右脚向右跨步，左脚尖向右脚心靠拢虚点成左丁步，同时右掌向右下砍切，同时变勾手放于右胯旁，左掌放于右胸前，目视右前方（图80）。

图80

50. 背后乾坤

身体起立，提左膝，同时右手五指伸直内收，向上经右肩向后戳出，左手向身体左侧向下砍切，同时变勾手向后勾出，目视左前方（图81）。

图81

51. 云顶七星

右后转体270°，同时两拳变掌，掌心向上，左右两掌依次经头顶由右向左云手；两掌变拳收回腰间，接着上右步，左脚跟于右脚内侧成左丁字步，同时右拳向前冲出与肩平，左臂屈肘，左拳放于右肘关节内侧，目视前方（图82、图83）。

图82　　　　　　图83

52. 马步单鞭

左脚向左跨步，身体左转成马步，同时两臂屈肘抱于胸前，再向身体两侧冲出于肩平，拳心向下，目视左前方（图84）。

图84

53. 坐山势

右脚向左脚内侧震脚，左脚向左横跨成马步，右拳向下向左划弧，架于头顶，拳心向上，同时左拳向右向下划弧，左拳在右臂内侧下栽于左大腿上，同时发音"威"，目视左前方（图85）。

图85

54. 收势

收左脚,并步站立,两拳收于腰间;两拳变掌自然下垂,目视前方(图 86、图 87)。

图 86

图 87

第六章 少林太祖长拳

第一节 少林太祖长拳颂和动作名称歌

少林太祖长拳颂

少林长拳太祖留传，行家一见从不低贬。
内容丰富浑厚无边，遇敌制胜变化万千。
姿架壮丽雄伟刚健，气势洒脱虎威神颜。
名曰短打类归虎拳，动恃爪牙追扑直前。
手眼身步精气力功，计为八法最为重要。
动作要求有形无形，轻重缓急节奏分明。
秀身似猫抖身如虎，行时如龙动时像闪。
声音如雷气发丹田，力注掌心霹雳惊天。
牙咬断筋舌能推齿，运气还顶发能冲冠。
头劲要领肩劲要砸，内外要合裆根要卡。
阴阳气功高超技能，抖劲发力疾速机灵。
一举一动一动一静，动静兼明天下任行。
习此拳者永远牢记，欲练成功确实不易。
功夫纯久方能奏效，明知规矩要守规矩。
拳打百遍只会熟练，拳打千遍只会好看。
拳打万遍神理自现，日日月月不能间断。
艺不压身用着方便，传世瑰宝勿丢一边。
怀抱双拳制敌不难，不遇诚者切莫轻传。
慎之慎之切记心间，先辈遗训莫当戏言。

少林太祖长拳三十二个动作名称歌

海底捞沙起手势，意欲制敌使妙方。
右手板出面上撒，云遮日月难提防。
撩阴截把下砸捶，统身用力彼身伤。
秀身狸猫变虎身，弓步架肘使撑膀。
合身抱拳马桩步，提地擎天志气昂。
左手左撂恨脚捶，回身撂冲弓步桩。
二起飞脚云霄响，上打下踢意深长。
落地弓步用双括，仙招含意其中藏。
束身抱拳御敌势，橛楔冲拳上下撞。

回身凤凰单展翅，能顾己方击彼方。
人群里面使摇山，摇肩晃膀用肘掌。
虎扑把头最利害，使用截劲难抵挡。
挑打器眼虎登山，回头望月审后方。
转脸束身怀抱月，四面八方看势上。
橛楔捶出梢拳用，招上顾下用处广。
十字闯步前后冲，马步盘肘击印堂。
黑虎掏心心掏下，君主伤亡兵投降。
二起飞脚天踢破，坠地炮捶下地趟。
燕子取水扑身下，又名鹰捉足下藏。
霸王观阵心底明，设阵一待击鬓旁。
磨腰掏肋捶最毒，全凭抖劲使功夫。
虎扑把头二次用，总有仙招也认输。
抱拳登足双冲捶，声东击西气势足。
束住身子虚着步，怀抱双拳人人服。

第二节　少林太祖长拳

动作名称详解

1. 预备式

两腿并步站立，两臂自然下垂，五指并拢，掌心贴于两腿外两侧，挺胸收腹，目视前方（图1）。

图1

2. 起式

左脚向左开步，与肩同宽，两手握拳抱于腰间，拳心向上，目视前方（图2）。

3. 海底捞沙

左臂屈肘，提起，左手握拳，拳心向后，贴于左胸，同时身体重心移向左腿下蹲，右脚尖点地置于左脚腰处成丁字步，双膝相依。右手随身体下蹲时向右脚前方下抓。头向右转，目视右前上方（图3）。

图2

图3

4. 迎面扳手

身体起，右脚向右前方上步成右弓步。右手反掌向右前方击出，掌心向里，高与眉齐，同时左手握拳收于腰间，目视右手掌（图4）。

图4

5. 撩阴截把捶

右掌变拳收于腰间，拳心向上；左拳变掌，向左后方伸出。左手中指、无名指、小指自然弯曲，变成撩阴掌。左脚向前上步成左弓步，同时左掌向前上方撩出，掌心向上，高与肩，目视左掌。左掌内翻握拳下拉。同时右拳从腰部提起，拳心向里，由上往下，屈肘用力砸压。身体同时左转，右脚上步，身体下蹲成并步，右拳截砸与膝齐，目视右下方（图5～9）。

图5

图6

图7

  图 8   图 9

6. 弓步撑膀

右脚向右前方上步，成右弓步，脚尖微内扣。左手握拳向后伸打，拳心向后，右手握拳，屈肘，身向右侧倾斜变成跨马势，右臂成半圆形，拳心向下括住头，目视左后方（又名回头望月势）（图10、图11）。

  图 10   图 11

7. 马步合身

两脚抓地，向左回拧身，变成马步。双手握拳，收于腰间，拳心向上。两肘下落时合劲，用力击打两侧软肋，两前臂紧贴两肋，目视前方（图12）。

图 12

8. 提地擎天

双拳变成虎爪掌，两肩下沉，两腿下蹲，双掌下抓于两膝外侧。双掌提起与腰齐。变拳，丹田合劲，腰往后撑，双拳同时向头上方冲拳，拳心向后。双拳下落与肩齐，目视前方（图 13～16）。

图 13

图 14

图 15

图 16

9. 撂手震脚炮

身体向左转，左拳变掌，向左前方平撂一圈。左脚不动，右脚提起向左脚并拢，右脚震脚落地，身体下蹲，成半蹲势。下蹲同时左手变掌，平置于膝关节前。右手握拳，拳心向上，右拳背砸于左手掌心。目视前方（图 17、图 18）。

图 17

图 18

10. 转身冲拳

身体起，向右后方转身，同时右拳变掌，向右后方撂手一圈，握拳收于腰间，拳心向上。出右手同时，转身右脚上步成右弓步，左掌变立拳向前方冲拳，拳眼向上，目视前方（图19～21）。

图19　　　　　　图20　　　　　　图21

11. 二起飞脚（右）

左脚提起，右脚向前上方疾起弹踢，全身随步腾空。同时右拳变掌，从腰间向右脚面迎击，目视前方（图22）。

图22

12. 弓步双括

左、右脚先后落地，成右弓步。上身向前倾，双拳同时由腰间向正前方括击，拳心向下，两拳眼斜对，两拳食指尖相对，击中点在敌方两肋，目视前方（图23）。

正面　　　　　　　　　　　侧面

图 23

13. 束身抱拳

身体左转，变高虚步。同时两拳变掌成撩阴掌，向前兜击于身体前方。左右两掌相互缠绕一圈后，双掌变拳，左拳在前，右拳在后，沉肘，双拳置于胸前。同时左脚收回于右脚腰处，身体下蹲，成左实步，目视左前方（图24、图25）。

图 24　　　　　　　　　　　图 25

14. 上步斜行

起身，左脚向前上步，成左弓步。同时左拳向左后方横扫打出，右拳向前方冲出，拳眼相对，目视左后方（图26）。

正面　　　　　　　　　　　反面

图 26

15. 凤凰单展翅

身体向右后方转身,成右弓步。同时双拳变掌,右掌在前,左掌在后,两手立掌,右掌心向左,左掌心向右,双掌齐向前方推出,下压掌,掌高不过眉,目视右前方(图27)。

图27

16. 摇山

身体左转,右弓步变马步。双臂屈肘,立掌,摇肩晃膀,挂肘打掌,先左后右,向两侧循环摇动。其摇法,双手臂如双环,呈椭圆形,掌的转动上不过眉,下不过膝,双掌一先一后、一上一下交叉转动,双手不接触,目随手转。上身随动作左右摇摆。下肢由马步变成偷步,向左后方偷移步三至五次。手、眼、身法、步要协调一致(图28~35)。

图28   图29

图30   图31

图 32

图 33

图 34

图 35

17. 扳手推腰

摇臂后，右腿偷步，提右腿往右上步，变成右弓步，同时右手向右上方扳手击出，高与眉齐，掌心向内。左手向右前方推出，与腰齐，目视右前方（图36～38）。

图 36

图 37

图 38

18. 合身虎扑

双手收回，在腹前双手交叉，旋转一圈。同时丹田合劲，身体重心后移至左腿，身体下蹲，变成右虚步。右掌在右膝前侧，左掌放于左髋关节外侧，目视前方。身体起，右脚向前带步，左脚跟随成右弓步，腿绷紧。同时身向前扑，双掌向前上方托举，高与腰齐，目视右前方（图39、图40）。

图 39　　　　　　　　　　　图 40

19. 打虎势（金鸡独立）

身体重心移至右腿，左腿提膝与腰齐，合膝扣脚尖。同时，左右手掌握拳。右拳由下从身体右侧向上架打于头顶；左拳内旋放于左膝关节上，拳心向外，目视前方（图41）。

正面　　　　　　　　　　　反面

图 41

20. 挑打窝眼

左脚向前落步，成左弓步。上身向左前方倾斜，双拳在胸前交叉。左拳由下而上，向左前上方冲拳，拳心向里。同时右拳由上而下，向右胯下方兜击，拳心向上，目视右后方（图42、图43）。

图 42　　　　　　　　图 43

21. 束身双抱拳

身体右转成右虚步。拳心向上，同时向前上方兜击，左右拳相互缠绕一圈，右拳在前，左拳在后，沉肘收于胸前。同时，右脚收于左脚腰处，身体下蹲，成右丁字步，目视前方（图44）。

正面　　　　　　　　反面

图 44

22. 右橛楔捶

右脚向前上步成右弓步，上身向右前方下倾，左拳向上、右拳向下冲击，拳心向里，两臂成一斜直线，目视前方（图45）。

图 45

23. 十字闯步冲拳

双拳收回于腰间。同时左脚提起，由右脚内侧向左侧斜前方划半圆迈出。左脚落地，右脚由左脚内侧向右侧平行处划半圆迈出，左右两脚平行成马步，身体下蹲成马步。同时双拳由腰间提起，左拳往前、右拳向后同时冲出，拳心向下，目视前方（图46～48）。

图46　　　　图47　　　　图48

24. 盘肘双击

两脚同时用力，向前上方跳起。双臂收回盘肘，右拳在前，左拳在后，拳心向内，双拳拳背向前上方，环绕连续击打三次，目视前上方（图49～51）。

图49　　　　图50　　　　图51

25. 虚步亮掌

双脚落地，重心移至右脚。左脚向前伸出，变成左虚步。身体下蹲，左手往前推掌；右手握拳收于腰间，拳心向上，目视前方（图52、图53）。

图 52　　　　　　　　　　图 53

26. 黑虎掏心

身体起，左脚向前上步。同时左手掌变搂手，向前搂手格挡，收于腰间变拳，拳心向上。左脚上步的同时，右拳从腰间向前方冲出，高与胸平，拳眼向上。在冲右拳的同时，右脚向左脚跟进，目视前方（图54、图55）。

图 54　　　　　　　　　　图 55

27. 二起飞脚（左）

身体重心向前倾，左脚用力上蹬，右脚提起，左腿急速向前上方弹踢，左拳变掌从腰间向前上方迎击左脚面，目视前方（图56）。

图 56

28. 蹩地炮

双脚落地后，双手握拳，拳心向上，置于腰间。身体下蹲，双膝和双脚并拢。左脚先，右脚后震脚。同时双手握拳，拳心向里，向地面，左一、右二连续冲击三拳（图 57～59）。

图 57　　　　　　　图 58　　　　　　　图 59

29. 燕子取水

右拳收回于腰间。右脚向右前方上步，成右弓步。左拳变掌，向后方伸出。左脚紧跟向前上步成左弓步，左手由掌变撩阴掌，由下往上，向前上方撩出，掌心向上，高与肩齐。左脚向前垫步，右腿提膝向前落地，身体下落成右仆步。同时左手在前，右手在后，双掌由身前从上向下往前抡臂捋掌一圈，眼随手走（图 60～62）。

图 60　　　　　　　图 61　　　　　　　图 62

30. 霸王观阵

身体重心前移至右腿，同时双手顺势捋掌，掌心向下，由下而上划半圆起身。右掌变拳，向上冲拳，右臂贴于右耳；左手成撩阴掌，掌心朝左前方放于右肩膀处。左脚收回至右脚内侧，成高虚步。头左转，目视左前方（图63）。

图 63

31. 掏鬓捶

身体屈膝下蹲，成丁字步。同时双臂沉肘下落，右肘和左掌置于右胸前，目视左前方，左脚上步成左弓步。同时左手向前推掌，右拳立拳藏于左掌背后向前冲拳，拳心向左，目视左前方（图64～66）。

图 64　　　　　　　图 65　　　　　　　图 66

32. 磨腰掏肋捶

身体向右转下蹲。左脚点脚尖，收于右脚弓处，成丁字步。同时左掌变拳，双拳收回于右侧腰齐，拳心向后，目视右下方。左脚向左前方上步，同时右脚紧跟其后向前迈步，右脚落地，身体左转变马步。同时双拳平行甩出，左臂挂打，右拳掏肋捶，拳心向下，拳眼相对，双臂与胸高。身体随手臂左转，同时丹田合劲发力，目视左后方（图67~69）。

图67　　　　　图68　　　　　图69

33. 合身虎扑

身体右转，双拳变掌，在腹前双手交叉，旋转一圈。同时丹田合劲，身体重心后移至左腿，身体下蹲，变成右虚步。右掌在右膝前侧，左掌放于左髋关节外侧，目视前方。身体起，右脚向前带步，左脚跟随，腿绷紧。同时身向前扑，双掌向前上方托举，高与腰齐，目视右前方（图70、图71）。

图70　　　　　图71

34. 双抱膝

身起重心移至右腿，左腿提膝于胸前，两臂屈肘握拳，拳心向上，双拳紧抱左膝两侧，含胸拔背收腹，目视左前方（图72）。

图 72

35. 蹬足双冲拳

左脚向左前方蹬腿。同时双拳前后冲出，拳心向下，成一斜线。同时身体向右后方扑出，左脚向前跨步落地。同时向前垫步，上右脚，变成右弓步，屈肘两手握拳，两拳从左右两侧向前方括拳击出，目视右前方（图73～76）。

图 73

图 74

图 75

图 76

36. 收势

身体左转,重心移至右腿下蹲,同时左脚回收,变成左虚步。双拳变成撩阴掌,在身体前方相互缠绕一圈,左手在前,右手在后,屈肘,手掌托举于胸前,目视左前方。身体起,两腿开步站立,与肩同宽。双臂由身体两侧往上托举至头顶,合拢重叠,左手在上,右手在下,由头顶向下缓缓按至丹田处,收左脚,并步站立,手臂自然下落于身体两侧,目视前方(图77~80)。

图 77

图 78

图 79

图 80

第七章 七星拳

动作名称详解

1. 预备势

左脚向左开步,与肩同宽,双手上提,指尖相对放于胯旁,目视前方(图1)。

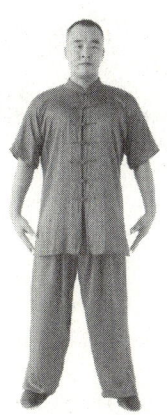

图1

2. 束身钳子手

(1)左脚向左转,身体左转,右脚向前跟步,脚尖靠于左脚腰处,两腿下蹲成束身。

(2)左臂翻腕由左髋处顺身从左上至右肩窝处,掌心向右;右手由右髋处向左格挡放于膝前,成直臂下插掌,掌心向内。左肘护左肋贴紧。

(3)目视前方(图2)。

图2

3．十字蹬脚

（1）右臂在左脚处上挑翻腕至胸部，掌心向左；左臂由右肩窝处翻腕变搂手，从右上方向左下方与右手臂交叉后，变勾手直臂放左胯后。右臂由胸前与左臂交叉后，贴胸上至下颚处，翻掌向前推出，与左腿相合。

（2）左腿屈膝弹出，与右臂相合。右腿弯曲，全身重心全在右腿上。

（3）身体稍微倾斜于左方，目视前方（图3）。

图3

4．小束身

（1）左脚收回放于右脚处，两腿下蹲成小束身。

（2）右手由前收回放左肩窝处，右肘护右肋，贴紧；左手由左胯处移放左腿前，成直臂插掌，掌心向左。

（3）身体向左侧身，目视前方（图4）。

图4

5．移身左手护耳掌

（1）两腿用力起身。左腿在左侧划弧移入正前方，脚尖向左，屈膝；右腿弯曲，右脚尖向前，重心在右腿上。

（2）身体正直。左手与右手同时出动，左手由左胯处撩手至胸前。左手向左格挡；右手由左肩窝下滑右腰窝变阳拳，拳心向上。

（3）目视左前方（图5）。

图 5

6．右拍脚左冲捶

（1）左腿不动，右腿向前弹踢，脚面蹦直。脚尖内扣。

（2）右腿向前弹踢时，右手翻腕滚出，用覆盖掌与右脚面相击，同时左手变拳收回腰间，右腿落地右掌顺势做搂手，变拳收回右腰窝处，同时左拳从腰间向前冲拳，成弓步冲拳。

（3）身体正直，目视前方（图6、图7）。

图 6   图 7

7．左手护耳右手下阴捶

（1）左右两腿同时转动，由右弓步变四平马步，面向左方。

（2）左手由阳拳翻腕，从正前方变挡掌，向左方格出，掌心向左，放于左耳边。右手由右腰窝处变下阴捶，由右腰间向下击去，直拳放于右胯后，拳心向后。

（3）身直，目视左前方（图8）。

图 8

8. 束身右波脚

（1）左脚尖离地，脚跟着地；右脚跟离地，脚前掌用力。同时身体向后旋转。右脚划弧旋转半圈放左脚处，两腿屈蹲变束身。

（2）左掌由左耳处顺身下至小腹处，掌心向左。右手由下阴拳顺右胯处移向小腹，与左手相合。右手用拳背击左手掌心，右臂弯曲，肘放两腿膝中间，身稍侧。

（3）身直，目视下方（图9）。

 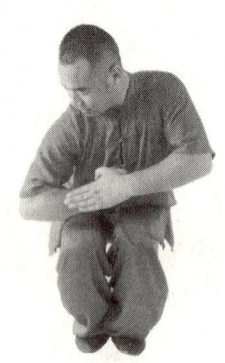

正面　　　　　　图9　　　　　　反面

9. 马步侧身右手三崩手

（1）左腿不动，右腿向右移一步，变四平马步。

（2）左手由掌变阳拳，放左腰窝处。右手由拳变阳掌，同右腿向右方进步。同时，右手向右膝外侧格拳，然后屈臂，用肘向右前方击出，当肘击出后，再反掌向右前上方扳出，掌心向后，步子同时变右弓步。

（3）身体稍向右侧倾斜，目视右前方（图10~12）。

图10　　　　　　图11　　　　　　图12

10. 十字蹬脚

（1）身体左转，右脚不动，左腿向左前方弹出。在弹腿时，脚尖直出，脚弹出后，脚尖速变脚外沿用力，全身重心在右腿上。

（2）右手由掌收回胸前，与左手交叉一圈，变掌向左前方击出，与左腿相合；左手由拳变掌，从左腰窝处翻腕，在胸前与右手交叉后变勾手放左胯后。

（3）右腿弯曲，目视前方（图13）。

图 13

11. 小束身

（1）左脚收回，放于右脚尖处，两腿屈蹲，成小束身，重心在右腿上，成暗虚步。

（2）右手由掌收回，变撩手放于左肩窝处，屈肘贴胸，护肋；左手由左胯后勾手，变插掌放左腿处，臂直。

（3）身体向左方倾斜，束头提肩，目视前方（图14）。

图 14

12. 右单踩脚

（1）身起，左腿弯曲，右腿向左前方弹踢。右手翻腕滚出，用覆盖掌与右脚面相击打踩脚。

（2）左手由左腿处翻腕变拳，放于腰间。

（3）身稍前倾，胸内含，目视前方（图15）。

图15

13. 转身十字合鸡形步

（1）左脚在右腿打完踩脚没有落地的同时，向左后急转，在左腿转向左后方的同时右脚着地，全身重心全在右腿上。

（2）左手待转身后由立掌向前方推出，肘与右膝相合；右手打完踩脚后成阴掌，待身转至左方后翻腕变勾手。

（3）束头提肩，含胸，双腿弯曲，形如鸡形，目视前方（图16）。

图16

14. 十字合鸡形步

（1）右脚着地，腿弯曲。左脚尖由后向前用力搓地勾踢提起，屈膝，脚尖上勾。

（2）右手由左胯处翻腕，由右向左前方推出，为立掌，与左膝相合。左手由立掌变搂手，由左胸前向左胯后击出，变勾手。

（3）束头提肩，含胸，双腿弯曲，形如鸡形，目视前方（图17）。

图 17

15. 上步十字合鸡形步

（1）左脚落地，腿弯曲。右脚尖用力由后向前搓地勾踢提起，屈膝，脚尖上勾。重心落在左腿上。

（2）左手由左胯处翻腕，由左向右前方推出，为立掌，与右膝相合。右手由立掌变搂手，由右胸前向右胯后击出，变勾手。

（3）束头提肩，含胸，双腿弯曲，形如鸡形，目视前方（图18）。

图 18

16. 打虎势

（1）左脚向前上一步成左弓步，脚尖内扣。右腿绷紧蹬直，合裆。

（2）左手由左胯处勾手翻腕，在左侧由下向上划一圈变拳，放左膝上，拳心向左，肘向前与左膝持平。右手由左前推掌变搂手，由左前向下至右侧胯处，然后翻腕向上变拳，放右鬓角处，拳心向前，屈肘。

（3）身直，目视前方，成打虎状。（图19）。

图 19

17. 转身束身钳子手

（1）身起，右腿由后向前收回；左脚根起，脚前掌用力向后旋转。待身转过后，右脚放左脚尖处，两腿下蹲成小束身，暗虚步，全身重心在左腿上，束头提肩。

（2）右手由拳变插掌，由右鬓角处下插，直臂，然后放右小腿处为下插掌，掌心向左，肘与右膝持平。左手由拳在左膝上向内翻腕顺身，由左至右放右肩窝处为勾手，肘护左肋贴胸。

（3）身直，稍向右侧倾斜，目视前方（图20）。

图 20

18. 十字蹬脚

（1）右腿用力，身微起，左脚离地向前弹出，出脚时脚尖直，待弹出后脚沿用力。右腿弯曲，重心全在右腿上。

（2）右臂在右脚处上挑，翻腕至胸部，掌心向左。左臂由右肩窝处翻腕变搂手，从右上方向左下方与右臂交叉后，变勾手直臂放左胯后。右臂在胸前与左臂交叉后，贴胸上，至下颚处翻掌向前推出，与左腿相合。

（3）身稍微向左方倾斜，目视前方（图21）。

图21

19．小束身

（1）左脚收回，放在右脚处，两腿下蹲成小束身。左脚暗虚，重心在右腿上，束头提肩。

（2）右手由前收回放左肩窝处，右肘护右肋，贴紧；左手由左胯处移放左腿前，成直臂插掌，掌心向左。

（3）向左侧身，目视前方（图22）。

图22

20．左步滚身左一捶

（1）右腿用力起身，左脚上一步成左弓步，脚尖内扣。右腿绷直蹬紧，合裆。

（2）左手由掌上提至胸口翻腕，变阳拳与右手交叉后变阴拳，向前击出，与左膝相合。右手由左肩窝处变阴拳，从左与左手交叉后变阳拳，放右腰窝处。

（3）身正直，目视前方（图23）。

图23

21. 右步滚身右一捶

（1）右脚由后向前至左脚踝处，左脚掌用力，身稍左转。右脚前进一步，成右弓步，脚尖内扣。左腿绷紧蹬直。

（2）右手随身由阳拳从右腰处上至胸口，与左手交叉后变阴拳，向前击出。左手由前收回护右手，与右手交叉后变阳拳，放左腰窝处。

（3）身正直，目视前方（图24）。

图 24

22. 上左步滚身左一捶

（1）左脚由后向前至右脚处，右脚掌用力，身稍右转。左脚前进一步，成左弓步，脚尖内扣。右腿绷紧蹬直。

（2）左手随身由阳拳从左腰处上至胸口，与右手交叉后变阴拳，向前击出。右手由前收回护左手，与左手交叉后变阳拳，放右腰窝处。

（3）身正直，目视前方（图25、图26）。

图 25　　　　　　　　图 26

23. 转身束身钳子手

（1）右腿由后向前收回；左脚根起，脚前掌用力向前旋转。待身转过后，右脚放左脚尖处，两腿下蹲成小束身，暗虚步，全身重心在左腿上，束头提肩。

（2）右手由拳变插掌，由右腰窝处下插，臂直，然后放右小腿处为下插掌，掌心向右，肘与右膝平。左手由拳在左前收回胸前，翻腕顺身由左至右放右肩窝处为勾手，肘护左肋贴胸。

（3）身直，稍向左侧倾斜，目视前方（图27）。

图 27

24．十字蹬脚

（1）右腿用力，身微起。左脚离地向前弹出，出脚时脚尖直，待弹出后脚沿用力。右腿弯曲，重心全在右腿上。

（2）右臂在右脚处，上挑翻腕至胸部，掌心向右。左臂由右肩窝处翻腕变搂手，从右上方向左下方与右手臂交叉后，直臂变勾手放左胯后。右臂由胸前与左手臂交叉后，贴胸上，至下颌处翻掌，向前推出，与左腿相合。

（3）身稍微向右方倾斜右方，目视右前方（图28）。

图 28

25．小束身

（1）左脚收回，还放在右脚处，两腿下蹲成小束身。左脚暗虚，重心在右腿上，束头提肩。

（2）右手由前收回，放左肩窝处，右肘护右肋，紧贴；左手由左胯处移放在足腿前，成直臂插掌，掌心向右。

（3）向右侧身，目视前方（图29）。

图 29

26．上左步变马步护耳掌

（1）左脚向前进一步变四平马步。

（2）左手由左腿前提起翻腕，屈肘，手变格掌，向右方格出至左耳边，掌心向左。右手由左肩窝处变拳，顺胸下滑至右腰窝处为阳拳，拳心向上。

（3）身正直，头向右，目视前方（图30）。

图 30

27．束身右波脚

（1）左脚尖离地，脚跟着地。右脚跟离地，脚前掌用力同时向前旋转。右脚划弧旋转半圈放左脚处，两腿弯曲变束身。

（2）左手由左耳处顺身下至小腹处，掌心向右。右手由腰间移向小腹与左手相合。右手用拳背击左手掌心，右臂弯曲。肘放两膝中间，身稍向右方向侧。

（3）身直，目视右下方（图31）。

图 31

28．起身外摆莲

（1）身起，右腿提起由前向右摆出。

（2）双手变覆盖掌，待右腿摆起后，向右脚面猛击，要击响脚面。

（3）目随手转，胸内含（图32）。

图 32

29. 横身右弓步左一捶

（1）右腿被击中后，迅速转身向右后成横身右弓步，脚尖内扣。左腿绷紧蹬直。

（2）右手由掌变阳拳，置右腰窝处。左手由掌变阳拳，由左胸前随身化阴拳击出，与左腿相合。

（3）身正直，目视前方（图33）。

图 33

30. 转身马步护耳下阴捶

（1）转身面向右，由右弓步变四平马步。

（2）左手由冲捶翻腕变掌，由胸前向左身方向格出，为立掌，放左耳边护耳，掌心向右。右手由右腰间变下阴拳，猛击右胯下方。

（3）身直，面向左，目视左前方（图34）。

图 34

31. 束身右波脚

（1）左脚尖离地，脚跟着地；右脚跟离地，脚前掌用力，同时身体向前旋转。右脚划弧旋转半圈放左脚处，两腿弯曲变束身。

（2）左手掌由左耳处顺身下至小腹处，掌心向右；右手由下阴捶从右胯后随身反背击左手掌心，右臂弯曲，肘放两膝中间，身稍向右侧。

（3）身直，目视右下方（图35）。

图 35

32. 马步侧身右手三崩手

（1）左脚不动，右脚向右移一步，变四平马步。

（2）左手由掌变阳拳，放左腰窝处。右手由拳变掌，同右腿向右方进步，同时，右手向右膝外侧格拳，然后屈臂，用肘向右前方击出。当肘击出后，再反掌向右前上方扳出，掌心向上，步子同时变右弓步。

（3）身稍向右侧，目视前方（图36~38）。

图 36　　　　　图 37　　　　　图 38

33. 十字蹬脚

（1）身右转，右脚不动。左腿由左边向右前方弹出，在弹脚时，脚尖直出，脚弹出后，脚尖速变脚沿用力。全身重心在右腿上。

（2）右手由掌收回胸前，与左手交叉一圈，变掌向右前方击出，与左腿相合。左手由拳变掌从左腰窝处翻腕，于左胸前与右手交叉后变勾手，放左胯后。

（3）右腿弯曲，身直，目视前方（图39）。

图 39

34．小束身

（1）左脚腿收回，放右脚尖处。两腿弯曲，成小束身，重心在右腿上，成暗虚步。

（2）右手由掌收回，变勾手放左肩窝处，屈肘，贴胸护肋；左手在左胯后由勾手变插掌，放左腿处，臂直。

（3）向左侧身，束头提肩，目视前方（图40）。

图 40

35．二起脚

（1）左脚抬起，向前进半步，落地；右腿急抬高弹踢，身微前屈。

（2）右手由勾手在左肩处速变阳拳至右胸前，然后翻腕变覆盖掌猛击右脚面。左手由左腿处屈肘变阳拳收于左腰间。

（3）目视前方（图41）。

图 41

36. 转身双撑肘十字通背

（1）右腿被击中后，速转身跳到正前方。左脚向前上步，成左弓步。

（2）两手同时变拳收回胸口处，两臂屈，肘随身转，待身转回北时，两臂急伸直打出，右手臂在左前方为阴拳，左手臂在右为立拳，拳眼向上。

（3）目视右前方（图42、图43）。

图42　　　　　　　　　图43

37. 小束身

（1）右脚不动，左脚尖内扣急旋转至右脚尖处。两腿下蹲成小束身，全身重心在右腿上，为暗虚步。

（2）左手由右方随身急收回，变阴撩手下旋至左小腿处，臂直。右手由左前收回放左肩窝处为勾手，肘贴紧右肋。

（3）身稍微向左倾，目视前方（图44）。

图44

38. 上左步滚身左一捶

（1）右腿用力起身，左脚上一步，变左弓步，足尖内扣；右腿绷直蹬紧，合裆。

（2）左手由左小腿处上提至胸口，翻腕变阳拳，与右手交叉后变阴拳向前击出，与左膝相合。右手由左肩窝处变阴拳，从左与左手交叉后，变阳拳放右腰窝处。

（3）身正直，目视前方（图45）。

图 45

39. 上右步滚身右一捶

（1）右脚由后向前至左脚处，左脚掌用力，身体稍微左转；右脚前进一步，成右弓步，脚尖内扣，左腿绷紧蹬直。

（2）右手随身体由阳拳从右腰处上至胸口，与左手交叉后变阴拳，向前击出。左手由前收回，护右手，与右手交叉后变阳拳，放左腰窝处。

（3）身正直，目视前方（图46）。

图 46

40. 转身迎门铁扇子

（1）身体向左后拧身，右脚向左上步，变马步。

（2）右手由拳下至右胯处，待身转向右后至正前方时，变掌翻腕为立掌至正胸前；左手由左腰间经胸前下插，臂直。两掌心向左。

（3）同时发音"威"，目视前方（图47）。

图 47

41. 收势

（1）收左脚成站立势。

（2）两手指尖相对放于胯旁，目视前方（图48）。

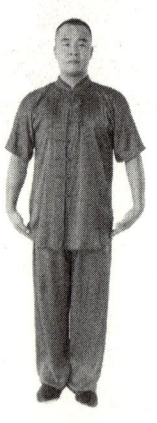

图 48

第八章 达摩剑

第一节 剑术基本动作练习

达摩剑各部位名称及剑术礼节

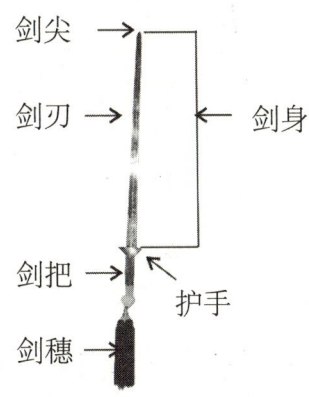

1. **持剑礼**

动作步骤：左手持剑，屈臂，使剑身贴小臂外侧，横于胸前，剑刃向上。右手拇指屈拢成斜侧立掌，以掌根附在左手腕内侧。两腕部与锁骨窝同高，两臂外撑，肘略低于手，目视受礼者（图1）。

2. **递剑礼**

动作步骤：并步站立，左手托护手盘，右手托剑前身，使剑平衡于胸前，剑尖向右，目视接剑者（图2）。

3. **接剑礼**

动作步骤：并步站立，左手掌心向上，托剑于递剑者两手之间，右手手心向下接握剑柄，目视对方，右手接剑（图2）。

图1

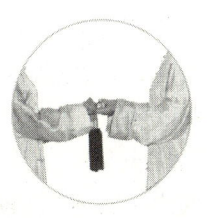

图2

剑术基本动作练习

1. 刺剑

动作步骤：立剑平肩，向前直出为刺，力达剑尖，臂与剑成一直线（图3）。

要求：出剑速度要快，力达剑尖，挺胸，松肩，刺出的剑与肩成一条直线，目视前方。

图3

2. 劈剑

动作步骤：立剑，由上向下为劈，力达剑身，臂与剑成一直线（图4）。

要求：立剑，由上向下直劈，手腕挺直，剑与臂成一条直线，力达剑身，目视前方。

图4

3. 点剑

动作步骤：右手握剑提腕，剑猛向下点，力达剑尖，目视剑尖（图5）。

要求：出剑要迅速，立剑点击，提腕要突然，臂伸直。

4. 崩剑

动作步骤：立剑，沉腕，使剑尖向前上为崩，力达剑尖（图6）。

要求：立剑，向前伸出后，迅速屈腕下沉，使剑尖向上，臂伸直，目视前方。

图 5　　　　　　　　　图 6

5. 挂剑

动作步骤：立剑，剑尖由前向上，向后或向下，向后为挂，力达剑身前部（图 7~9）。

要求：贴身划弧，手腕要灵活，身体要协调，眼随剑走。

图 7　　　　　图 8　　　　　图 9

6. 云剑

动作步骤：平剑，在头顶或头前上方平圆绕环为云。上云剑在头顶由前向左后绕环，左云剑或右云剑在头前上方向左后或右后绕环（图 10）。

要求：云剑时要旋臂，屈肘，不要摆动过大，以手腕关节为轴，平剑经过头顶上方平绕，剑尖不可下垂，要仰头，目视右上方。

7. 撩剑

动作步骤：立剑，由下向前上方为撩，力达剑身前部。正撩剑，则为前臂外旋，手心向上，贴身弧形撩出；反撩剑，则为前臂内旋，余同正撩（图11）。

要求：贴身，立剑，弧形撩出。撩剑时，手腕要松活，以腰带臂，用力较柔和，力达剑身前部，目视剑尖方向。

图10　　　　　　　　　图11

8. 斩剑

动作步骤：平剑，向左或右横出，高度在头与肩之间为斩，力达剑身（图12）。

要求：平剑横出，剑刃不得向斜上或斜下，手腕不可屈，高度在头与肩之间，臂伸直，肩与臂成一直线，力达剑身，目视右前方。

9. 截剑

动作步骤：剑身斜向上或斜向下为截剑，力达剑身前部（图13）。

要求：出剑要快速有力，力达剑身前部，剑与臂成一线，目视右前方。

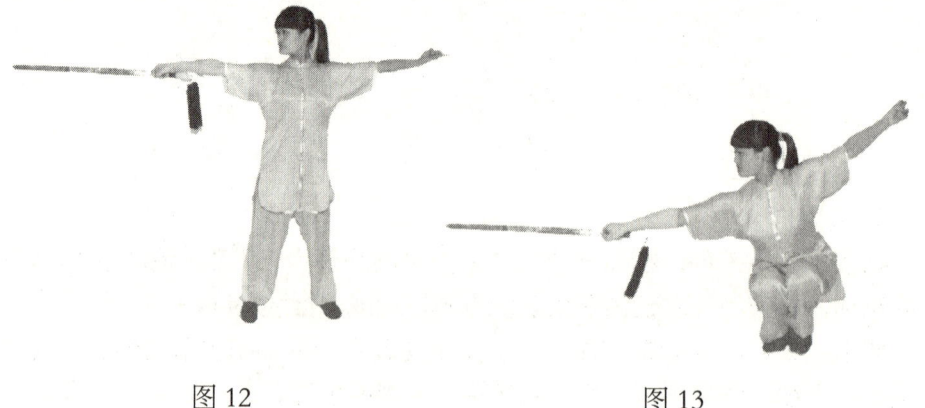

图12　　　　　　　　　图13

10. 剪腕花

动作步骤：以腕为轴，立剑在臂两侧，向前上贴身体立圆绕环，力达剑尖（图14~18）。

要求：以腕为轴，立剑向下，贴身左右侧，立圆绕环，力达剑端，目视右前方。

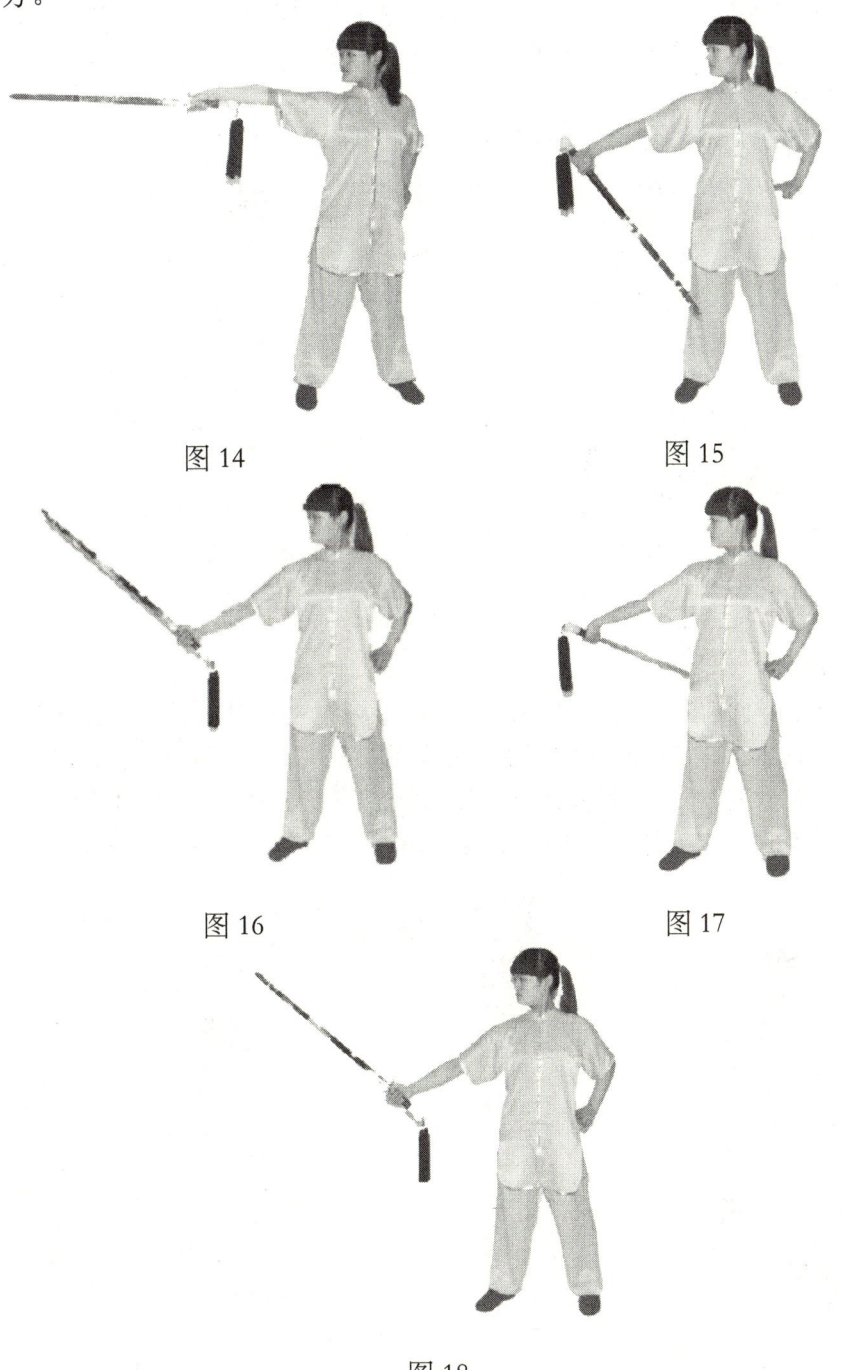

图14　　　　　　　　图15

图16　　　　　　　　图17

图18

第二节 达摩剑

动作名称详解

1. 预备式

两脚并步站立。左手反持剑柄，使剑竖于左臂后面，剑尖向上。右臂自然下垂，右手为掌，贴于右腿外侧，目视前方（图1）。

2. 起势

左脚向左开步与肩同宽，两臂不动，目视前方（图2）。

图1　　　　　　　　图2

3. 仙人掌

右臂由下向右上方举起，掌心向左。左手持剑，肘微屈上提。右掌由右向左、向下落于胸前。右掌由左肩向下落于右腿侧。同时，右脚向左腿后插步，左手握剑由左向上划弧。左手握剑向下划弧，落于背后，剑尖向左，右手从头前上方，向胸前下落成立掌，同时两腿屈膝全蹲成歇步，目视前方（图3～5）。

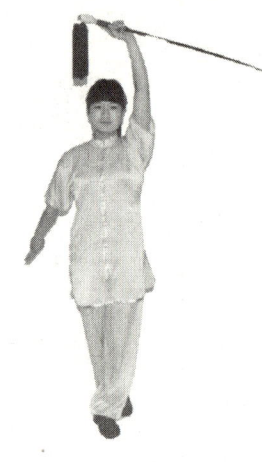

图3　　　　　　图4　　　　　　图5

4. 回头望月

左脚蹬地，支撑屈膝；右脚尖勾起，扣于左膝后。同时，两臂向左右两侧分开，成侧平举状，右掌变剑指，目视右前方。两臂下落，屈肘，交叉于胸前，剑身贴于左小臂下方，右剑指在外，目视剑指方向。右腿向右跨出一步成右弓步，同时两臂由下向两侧分开成平举，目视剑指方向。右手抖腕，剑指架于头右上方，剑指向左；同时，左手持剑下落，贴于左腿外侧，目视左前方（图6～9）。

图6　　　　　　图7

图8　　　　　　图9

5. 仙人指路

左手持剑由左向胸前屈肘，剑身贴于小臂下方，右剑指贴于剑柄下，手心向上。同时左腿屈膝扣于右腿膝后，目视左前方（图10）。

6. 弓步下刺

左脚向左跨步成左弓步，右手接剑后随即由右腰侧向前方下刺，左手剑指从胸前向左斜后上方插出，两臂与剑成一直线，目视剑尖方向（图11）。

图 10

图 11

7. 云顶前刺

右脚跟步与左脚并齐，两腿屈膝下蹲。右臂持剑屈肘收于右侧腰部，手心向上。左手剑指向下附于右腕内侧，目视前方。两腿挺膝站立，右手握剑上举，经头顶向左、向右、向前环绕一周。右臂屈肘收于腰间，左手剑指附于右小臂上，目视剑柄方向。右脚抬起落地震脚，左脚向前跨步成左弓步。同时，右手持剑从腰间向前立剑刺出，左手剑指由腰间向后插出，目视前方（图 12～15）。

图 12 图 13

图 14 图 15

8. 古树盘根

身体左转，右脚跟步，两腿交叉，左腿在前成左歇步。右手持剑外旋，向上翻腕举剑下落于体前，左手剑指向下附于右腕内侧，目视前方（图16）。

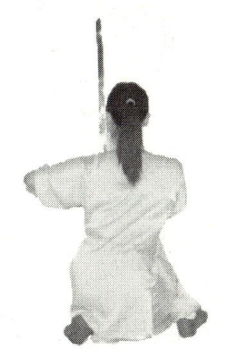
正面

反面

图 16

9. 削如松林

身体右转成马步，右臂内旋，剑身平贴于左臂，向右平扫。同时，左手剑指向左平伸，手心向上。两臂高与肩平，目视右前方（图17）。

10. 仙人指路

身体重心左移，右腿挺膝伸直成右仆步，右手持剑向上翻腕，经过头上方，向左带剑。左手剑指附于右手腕，目视右前方。重心前移，右手持剑由下向上经身体前提起至头顶，左手剑指附于右肩窝处。同时左腿屈膝提起，目视左前方（图18、图19）。

图 17

图 18

正面

反面

图 19

11. 前劈剑

左脚向前落步成左弓步。同时右手持剑，右臂外旋，向前下劈，左手剑指经左后方向上架于头顶，目视剑尖方向（图20）。

12. 后点剑

身体右转成马步，右臂内旋，右手持剑上架于头顶，同时左手剑指经身体前下落后向左上方撩起，目视剑指方向。重心移至右腿，右手握剑向右下方点出，左手剑指由左向上架于头顶，同时左腿屈膝提起，目视剑尖方向（图21、图22）。

图20

正面　　　　　　　　反面

图21

正面　　　　　　　　反面

图22

13. 龙摆尾

左脚向左落步，身体右转成右虚步。同时右手持剑，手臂外旋，落于右膝上方，以腕为轴，剑尖由左向右绕环绞剑，目视剑尖方向。重心后移，右脚向后撤半步，右手握剑继续由左向右做绕环绞剑。重心后移，左脚向后撤半步，右手握剑继续做绕环绞剑，目视剑尖方向。右腿屈膝提起，右手持剑收于腰间，同时左手剑指下压于右腕内侧。右脚向前，落步成右弓步，右手持剑由腰间向斜下方刺出，左手剑指同时向左后方伸出，目视剑尖方向（图 23～27）。

图 23　　　　　　　　图 24

图 25　　　　　　　　图 26

图 27

14. 败势观剑

重心左移成左弓步，右手持剑沉腕向上崩剑，同时左手剑指屈腕架于左上方，目视右前方（图28）。

15. 独立点剑

右脚向左腿后方叉步，右手持剑外旋，使剑由右臂外侧向前撩剑，下落于左腰处；同时左手剑指下落与肩平。身体右转，两腿屈膝下蹲成马步。同时右手持剑，随身体转，由下向上架于头顶，左手剑指，由下向左上撩出，高与肩平。重心右移，右腿伸直，左腿屈膝提起。同时右手持剑由头上方向右下方点剑，左手剑指由左向上架于头顶，目视剑尖方向（图29～31）。

正面　　　　　反面

图28　　　　　图29

图30　　　　　图31

16. 仙人指路

身体左转，右手持剑由右上向左下挂剑；同时左手剑指放于右臂下方，左脚向左后方落步，右腿随即屈膝提起；同时右手持剑由左后向左前右后方挂出，左手剑指放于右肩窝处。右脚向后撤步成左弓步，右手握剑由后向前划弧劈出，高与肩平，目视剑尖方向。重心后移，左腿屈膝提起，同时右手持剑向后平拉，横举于右肩上方，左手剑指向前方插出，高与肩平，目视前方（图32～34）。

图 32

图 33

图 34

17. 玉女穿梭

左脚向前落步，蹬地跳起。右手持剑向前刺出，左手剑指上架于头顶。同时身体左转，目视剑尖方向。两脚依次落地成右弓步，同时右手持剑从右经上向下劈剑，左手剑指屈肘架于头顶，目视剑尖方向（图35、图36）。

图 35

图 36

18. 三起剑

身体左转成左弓步，同时右手握剑，右臂内旋下落贴于体侧，剑尖指向右下方；左手剑指下落放于右肩窝处，目视剑尖方向。重心后移，右腿屈膝下蹲成左虚步。同时右臂持剑外旋，从右后向前挑剑；左手剑指附于右腕内侧。重心前移，右脚向前跨步盖于左腿前，两腿屈膝，下蹲成歇步。同时右手持剑以腕为轴由右后向前划弧，再向右后方撩出，左手剑指向左前插出，目视剑尖方向。左脚向前上半步，两腿屈膝下蹲成左虚步。同时右手持剑以腕为轴，由右前向后划弧上撩，左手剑指附于右腕内侧，目视剑尖方向（图37～40）。

图37　　　　　　　　　图38

图39　　　　　　　　　图40

19. 童子拜观音

起身站立，右脚向左前方盖步，两腿屈膝下蹲成歇步，同时右手持剑外旋，翻腕向下、向后穿剑，左手剑指向左伸开，高与肩平。右手持剑继续向上穿剑，经头上方时剑尖向下落于体前；同时左手剑指由左向上架于头顶，目视右前方（图41、图42）。

图 41　　　　　　　图 42

20. 咽喉剑

身体左转，左腿屈膝提起。同时右手持剑外旋放于腰间，左手剑指下落于左腰间处，目视前方。左脚向前落步成左弓步，同时右手持剑向前平刺，左手剑指附于右肘内侧，右手持剑高与肩平，目视剑尖方向（图43、图44）。

图 43　　　　　　　图 44

21. 劈膀剑

身体右转，右脚向左后方撤步成左弓步；同时右手持剑放于左肩上方，剑尖向后。身体右转，两腿屈膝下蹲成马步；同时右手持剑由左上向右下方劈出，收于右腰处，左腿提膝挺直，脚面绷直。同时右手持剑从腰间向前下方刺出；左手剑指屈肘横架于头上，手心向上，目视剑尖方向（图45～47）。

图 45

131

图 46

图 47

22. 虚步挑剑

身体左转，右腿屈膝下蹲，左脚向左落步成左虚步。同时右手持剑向下、向左挑剑，左手剑指由头上屈肘落于右腕，目视剑尖方向（图48）。

23. 弹步磨剑

重心前移，两腿屈膝，右脚掌扒地，向后撩起；同时右手持剑，两臂外旋，后向左右分开，剑尖、剑指均向前，两臂屈肘，目视前方。右脚向前落步，同时左脚掌扒地，向后撩起；右手持剑与剑指同时内旋，屈肘，向胸前相合，两肘靠左右肋部，剑尖、剑指均向前，目视剑尖方向。左脚向前落地，右脚掌扒地，向后撩起；同时右手持剑，两臂外旋，向左右分开，剑尖、剑指均向前，两臂屈肘，目视前方。右脚向前落步，同时，脚掌扒地，向后撩起；右手持剑与剑指同时内旋，屈肘向胸前相合，两肘靠左右肋部，剑尖、剑指均向前，目视剑尖方向。左脚向前落地，右脚掌扒地，向后撩起；同时右手持剑，两臂外旋，向左右分开，剑尖、剑指均向前，两臂屈肘，目视前方。挺身站立，右腿屈膝。提起；右手持剑与左手剑指同时收于腰间，剑尖向前。右脚向前落步成右弓步，同时右手持剑向前平刺，左手剑指附于右腕内侧，目视剑尖方向（图49～55）。

图 48

图 49

图 50 　　　　　　　　　图 51

图 52 　　　　　　　　　图 53

图 54 　　　　　　　　　图 55

24. 藏花剑

右脚向后撤步成左弓步，右手持剑由右前向后撩剑，左手剑指不动。右手持剑，使剑尖向上经身体前下落于胸前，同时左手剑指收于右肩窝处。身体右转，左腿屈膝下蹲成右仆步，同时右手持剑向后穿出，左手剑指向左上方穿出。重心前移，成右弓步。身体右转，左脚向前跟步，两腿屈膝下蹲成歇步；右手持剑臂内旋，向右拉剑，剑身略高于肩，剑尖向左，左手剑指附于右腕，目视左前方（图 56～60）。

图 56

图 57

图 58

图 59

图 60

25. 前劈剑

身体左转，左脚向左跨步成左弓步。右手持剑以腕为轴，在头上使剑向左、向后再向前下劈，左手剑指上架于头顶，目视剑尖方向（图61）。

图 61

26. 削膝剑

右脚向前上步，身体左转，两腿屈膝下蹲成马步。右手持剑，屈肘，由右向上、向左划弧落于身体左侧，剑尖向上，左手剑指下落附于胸前。右手持剑由左向右平斩剑；同时左手剑指向左伸出，手心向上，目视右前方（图62、图63）。

图62　　　　　　　　　图63

27. 观阵剑

右手持剑，右臂外旋，使剑由右经上向左下划弧压剑，手心向下，剑尖指向左；左手剑指由上落于左方，指向剑尖方向。右手持剑由左经身体前向右平斩剑，手心向下，剑尖指向右方；左手剑指随剑动作附于右肩窝处，目视剑尖方向。左脚经右腿前向右跨一步，两腿屈膝下蹲成歇步。同时右手持剑由右经头上向左划弧下按，立剑横于右侧，剑尖向左。左手剑指向左推出，目视左前方。右脚向右撤步成左弓步；右手持剑由右向上穿出落于身体前。左手剑指附于右腕内侧。身体右转，右腿屈膝成马步。同时右手持剑由左经身前向右划弧抽剑收于右腰间，剑尖向前；左手剑指由左向上架于头顶，目视剑尖方向。重心右移，右腿挺膝直立，左腿屈膝上提，同时右手持剑从右下向上直臂刺出，手心向左，剑尖向上；左臂屈肘，左手剑指收于右肩窝处，目视左前方（图64～70）。

图64　　　　　　　　　图65

图66　　　　　　　　　图67

图68　　　　图69　　　　图70

28. 穿针引线

身体左转，右手持剑由上向左后划弧挂剑，左脚向后落步成右弓步，同时右手持剑向前划弧带剑，高与肩平，目视剑尖方向。右臂外旋，右手持剑回抽收于腰间，左手剑指向前推出。同时右脚向左腿内侧收步，脚尖点地，两腿屈膝下蹲。右手持剑从腰间向前下方直臂刺出，同时右脚震脚与左脚并拢，左手剑指附于右臂内侧，目视剑尖方向（图71～74）。

图71　　　　　　　　　图72

图73　　　　　　　　　图74

29．游龙剑

右脚向右前方上步成右弓步，身体左转，同时右手持剑由右经上向左划弧落于左胸前，剑尖向上。重心右移，左脚收于右脚内侧，脚尖点地，两腿屈膝下蹲成丁字步，同时右手持剑由左经下向右划弧，左手剑指附于右腕内侧，目视剑尖方向。左脚向左前方跨步成左弓步，同时右手持剑沉腕，右臂外旋，剑尖由前经上向右划弧，左手剑指附于右臂内侧。重心左移，右脚收于左脚内侧，脚尖点地成丁字步。同时右手持剑沉腕，由右经下向左带剑，剑指附于右腕。左腿直立，右腿屈膝提起，同时右手持剑，手臂内旋，收于腹前。右脚向前落步成右弓步，同时右手持剑向前横推，左手剑指附于右臂内侧。重心左移，屈膝成马步。右手持剑，手臂外旋以腕为轴使剑经下向左后落于右膝外侧，左手剑指附于右臂内侧，目视右前方。重心左移，左腿直立，右腿屈膝提起。同时右手持剑由前向左上带剑，左手剑指附于右腕内侧，目视剑尖方向。身体右转，右脚震脚落地，左腿屈膝提起，同时右手持剑以腕为轴，使剑从上向下经右腿外侧向上、向前绕腕花，收于腰间，左手剑指收于腰间。左脚向前落步成左弓步，同时右手持剑由腰间向前直臂刺出，左手剑指附于右腕内侧，目视前方（图75～84）。

图75　　　　　　　图76　　　　　　图77

正面　　　　　　　反面

图 78　　　　　　　　　　　图 79

图 80　　　　　　图 81　　　　　　图 82

图 83　　　　　　图 84

30. 霸王观阵

重心前移，右腿屈膝上提，上身前倾，左腿屈膝半蹲。同时右手持剑手臂外旋，使剑由前经右腿外侧向右后划弧穿剑，左手剑指附于右肩窝处，目视剑尖方向。右脚向前落步，左腿屈膝上提，上身前倾，同时身体左转，右手持剑由上向下向左经左腿外侧划弧穿剑，左手剑指向左后拉起，目视剑尖方向。重心前移，右腿屈膝上提，上身前倾，左腿屈膝半蹲。同时右手持剑臂外旋，使剑由前经右腿外侧向右后划弧穿剑，左手剑指附于右肩窝处。右脚向前落步于左腿前，挺身直立。同时右手持剑从右后向上、向前下划弧穿剑，左手剑指由左向上架于头顶，目视右前方（图85～88）。

图85　　　　图86　　　　图87

正面　　　　反面
图88

31. 咽喉剑

身体左转，左脚向前上步成左弓步。同时右手持剑，右臂外旋，收于腰间，然后再向斜上方直臂刺出；左手剑指附于右腕处，目视前方（图89）。

32. 龙须剑

重心前移，右脚向左腿后侧叉步。同时右手持剑，经身体前由下向右、向上、向左划弧落于身体前，左手剑指向左推出。身体右转，两腿屈膝下蹲成马步。同时右手持剑由右经身体前向下、向右上划弧，架于头顶；左手剑指向左平伸，目视剑指方向。重心右移，左腿屈膝提起。同时右手持剑，右臂外旋，使剑经右下向右上划弧托剑；左手剑指上架于头顶，目视剑尖方向（图90～92）。

图89 　　　　　　　　　图90

图91 　　　　　　　　　图92

33. 挑踢剑

身体左转，左脚落地，脚尖点地。右腿屈膝下蹲成左虚步。同时右手持剑，使剑由上向左下划弧斜劈，左手剑指附于右腕处。重心移至左腿，右腿屈膝提起向前弹踢。同时右手持剑以腕用力向上挑剑，目视剑尖方向（图93、图94）。

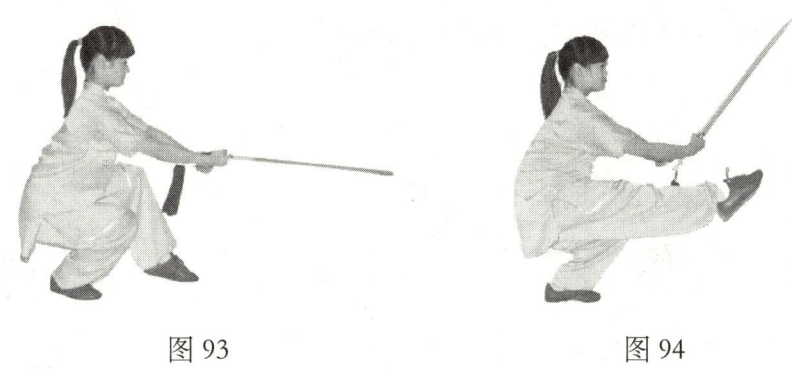

图 93　　　　　　　　　图 94

34. 挂剑前刺

左脚蹬地跳起，右脚落地，左腿屈膝提起。同时右手持剑以腕为轴，使剑由前向下经右腿外侧向前腕花，收于腰间，左脚向前落步成左弓步，同时右手持剑从腰间直臂向前刺出，左手剑指由左向上架于头顶，目视剑尖方向（图95、图96）。

图 95　　　　　　　　　图 96

35. 托塔

身体右转，右手持剑，右臂向外旋，由前经头上向右后划弧，左手剑指下落放于右肩窝处，目视剑尖方向。重心前移，右腿屈膝提起，同时右手持剑经右后下向前划弧撩剑，左手剑指经头上向后推出。右脚向前落步成右弓步，同时右手持剑使剑由上向左划弧，重心前移，左腿屈膝提起，同时右手持剑由左经体前向右上划弧撩剑，左手剑指附于右肩窝处。左脚向前落地，右腿屈膝提起，同时右手持剑由上向右后经身体右侧向前撩剑，左手剑指向后推出。右臂内旋，右手持剑收于腹前，同时左手剑指下压于右腕处。右脚向前落步成右弓步，同时右手持剑由腹前向前平推，左手剑指附于右臂内侧。身体左转成左弓步。同时右手持剑，右臂内旋，剑尖由左前向右前划弧斩剑，左臂屈肘，左手剑指向

下放于左膝，目视剑尖方向（图 97～104）。

图 97 　　　　　　图 98 　　　　　　图 99

图 100 　　　　　　图 101 　　　　　　图 102

图 103 　　　　　　图 104

36．左右撩剑

重心后移站立，左脚向后收，脚尖点地。同时右手持剑，由右上方向前直臂划弧劈剑，收于右腿外侧，左手剑指从腰间向前推出。左脚向前跨半步，重心前移，身体左转，同时右手持剑由下向前撩剑，左手剑指经头上向后伸出。右脚向前跨步，同时右手持剑，由前向左后再由下向右后划弧撩剑，剑指由体侧右后向前撩出，目视剑指方向。左脚向前跟步，并于右脚内侧，两腿屈膝下蹲。同时右手持剑，右臂内旋，使剑从右后下向前斜上方穿剑；左手剑指附于右肘间内侧，目视剑身方向（图105～108）。

图 105

图 106

图 107

图 108

37．探海势

身体直立，左腿屈膝提起，右手持剑与左手同时分别收于右、左腰间。上身前倾，左脚向后蹬伸举起，同时两手抱剑由腰间向前直臂刺出。右手持剑与左手剑指由前向左右两边直臂划弧分开，左手剑指向左，目视前方（图

109～111）。

图 109　　　　　　图 110　　　　　　图 111

38. 指星势

左脚向前落步成左弓步，同时身体左转，右手持剑，右臂外旋，使剑由右向左腰侧穿出，剑尖向后，左手剑指附于右腕内侧。身体右转起立，右手持剑举于头顶，以腕为轴向右云剑划弧一周，左手剑指附于右腕。右腿屈膝下压成左插步，同时右手持剑，右臂内旋，使剑从上经右腿外侧向右后上方直臂划弧撩剑，左手剑指屈肘架于左上方，目视剑尖方向（图 112～114）。

图 112　　　　　　图 113　　　　　　图 114

39. 怀里藏针

身体左转站立，右手持剑向下经右腿侧向上划弧穿挂于身体右侧，左手剑指由右向左放于身体左侧，目视前方。身体左转，左腿微屈，同时右手持剑向上、向左穿剑，左手剑指拉于身体后，目视前方。重心下移成左弓步，同时右手持剑向下经腋下腰侧向上穿剑，剑尖向上，左手剑指落于左脚外侧，目视前方（图

115～117)。

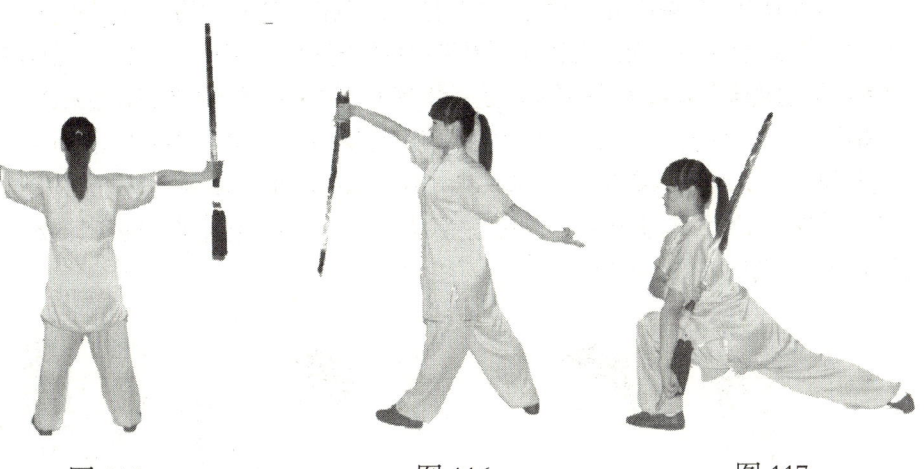

图 115　　　　　图 116　　　　　图 117

40. 朝天一炷香

身体起立右转，右手持剑从左腰间由下向上撩剑，左手剑指附于右腕。两脚不动，身体向右后转身，同时右手持剑以腕为轴由左向右划弧一周放于头顶，左手剑指附于右腕。两腿屈膝下蹲成歇步，同时两手持剑在身体前下落，屈肘，抱于胸前，剑尖向上，目视前方（图118～120）。

图 118　　　　　图 119　　　　　图 120

41. 童子拜佛

身体直立，右脚向右后撤步。同时身体右转，右手持剑，右臂外旋，向下、向右后穿剑于身体右侧，左手剑指附于右臂内侧，目视剑尖方向。左脚向左后撤步，同时身体左转，右手持剑从右后经前上方向左后划弧穿剑，目视剑尖方向。两脚不动，右手持剑向左后上方划弧穿剑于肩前；同时左手屈肘上举接剑柄，目视剑柄。右脚向后撤步与左脚并齐，左手反握剑柄，使剑尖从下向后上划弧，左臂随即下落贴于左腿外侧；同时右手从右下向上直臂划弧，成立掌放于胸前，目视前方（图121～124）。

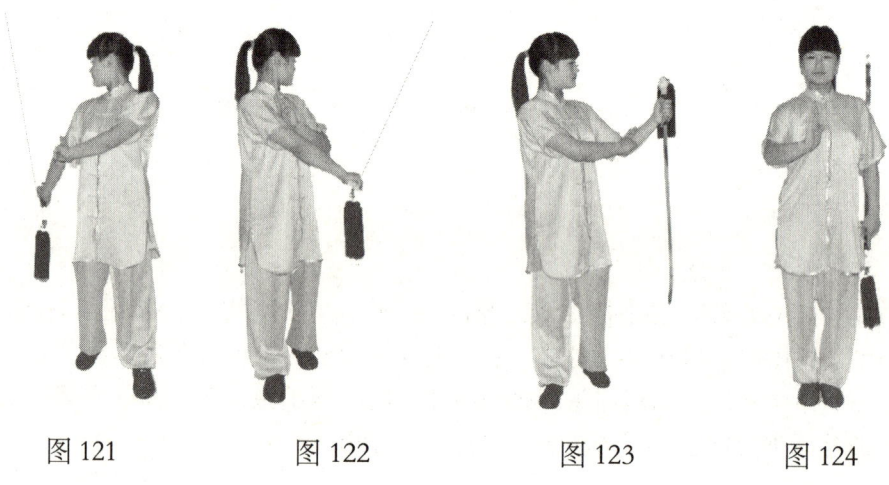

图121　　　　图122　　　　图123　　　　图124

42. 收势

右掌自然下垂，目视前方（图125）。

图125

第九章　行龙剑

行龙剑各部位名称

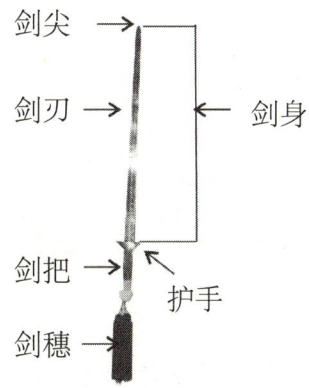

动作名称详解

1. 预备式

两脚并步站立，左手反持剑柄，使剑垂于左臂后面，剑尖向上；右臂自然下垂，右手为剑指，贴于右腿外侧，目视前方（图1）。

图1

2. 仙人指路

左臂经身体左侧向上平举剑，盘肘，剑尖向左；右手剑指提于右腰间，掌心向上。右脚向前上步，左脚跟步，并步站立。同时左手落于身体左侧，手臂垂直；右手剑指向前推出，指尖向上，与肩同高，目视前方（图2、图3）。

147

图 2　　　　　　　　图 3

3. 怀中抱月

右脚向右跨步成马步，同时右手剑指经体前向右下上方划于肩平，左手持剑由下向上屈臂抱于胸前。右腿挺膝蹬直，左腿提膝，脚面绷紧扣于右膝前，右手剑指架于头顶上方，向左摆头，目视左前方（图4、图5）。

图 4　　　　　　　　图 5

4. 老将观阵

左脚落地成马步，同时左手持剑放于身体左侧，右手剑指落于右腰间，掌心向上；身体左转成左弓步，右手剑指向前推出，指尖向上，目视前方（图6、图7）。

图6

图7

5. 虚步亮剑

右手接剑至右腰间，同时收右脚，左脚向前点地，成左虚步，同时左手剑指向前推出，右手持剑后拉与肩平，目视前方（图8）。

图8

6. 刺喉剑

右脚向左脚并步震脚，同时左手剑指收于右肩前，右手持剑向前平刺，目视前方（图9）。

图9

7. 拦腰剑

左脚向前上步，右脚扣于左腿膝后，左腿下蹲成水平。右手持剑经身体左侧由上向下再向上挑剑，手臂伸直，剑尖向上；左手剑指附于右手腕处，目视前方（图10、图11）。

图10　　　　　　　　　图11

8. 朝天一柱

右脚向后撤步，左脚跟步，并拢站立，双手放于身体两侧，左手剑指向斜下方，右手持剑向斜上方。左脚向前点地，右腿屈膝下蹲成左虚步；同时左手剑指向前推出，指尖向上，右手持剑向上刺出，目视前方（图12）。

图12

9. 弓步劈剑

左脚扣于右膝后。同时左手剑指背于身后，右手持剑外旋做剪腕花，左脚落地成左弓步，同时右手持剑向下劈剑，左手臂屈肘至身体左前侧，目视右前方（图13）。

图 13

10. 回头望月

右脚向前上步成左跪步,同时右手持剑做外花,落于体前,剑尖向上,左手剑指放于右手腕上。左脚脚面绷紧向后上方撩起,屈膝;右腿挺膝,蹬直。左手架于头顶上方,右手持剑向后上方挑出,剑尖向上,目视后方(图14、图15)。

图 14

图 15

11. 乌龙绞海

身体左转,左腿向前弹出与腰平,左手剑指向左后推出,右手持剑向身体前方横击;左脚向后撤步,左手剑指收于右肩处,同时右手立圈绕剑二周收于右腰间,右脚向后撤步成歇步,同时右手持剑向前平刺,左手剑指向左指出,目视右前方(图16~18)。

图 16

图 17　　　　　　　　　图 18

12. 弓步劈剑

身体右转180°屈膝成马步，左手剑指背于身后，右手持剑架于头顶上方，剑尖向左身体右转90°，左脚蹬地，马步变右弓步，左手剑指架于头顶上方，右手持剑向下劈出，剑尖与膝同高，目视前方（图19、图20）。

图 19　　　　　　　　　图 20

13. 霸王举鼎

左脚向前上步，同时左手背于身后，右手持剑上举，剑尖向右。身体右转180°，右脚向后撤步成马步，同时剑尖向右。右腿伸直，左脚提起扣于右膝前，右手持剑经体前上架至头顶上方，同时左手剑指收于右肩窝处，目视左前方（图21～23）。

图 21

图 22　　　　　　　　图 23

14. 力劈华山

左脚向前落步，身体左转，右手持剑由上向下劈剑，右脚向前上步成右弓步，同时右手持剑从上向下劈剑，左手剑指向左后指出，目视前方（图 24、图 25）。

图 24　　　　　　　　图 25

15. 撤步崩剑

右脚向左脚后撤步成歇步，左手不动，右手崩剑，剑尖向上，目视右前方（图 26）。

图 26

16. 弓步劈剑

左脚向左上步成左弓步，左手剑指屈臂至体前，右手持剑内旋做剪腕花，向下劈出，目视剑尖方向（图27）。

图 27

17. 朝天一柱

左脚收于右脚旁，成并步站立，同时双手收于腰间，左手剑指向斜下方，右手持剑，剑向斜上方。左脚向前点地，右腿屈膝下蹲成左虚步；同时左手剑指向前推出，右手持剑向上刺出，目视前方（图28、图29）。

图 28

图 29

18. 弓步劈剑

右脚向前上步成右弓步。左手剑指架于头顶上方；同时右手持剑由上向下劈出，手与膝同高，剑尖向斜下方，目视剑尖方向（图30）。

图 30

19. 凤凰三点头

左脚向前跟半步成左跪步，左手不动，右手压腕，剑尖向上。左脚脚面绷紧，脚掌擦地后撩，同时右手持剑点剑（由上到下点出）。左脚向前落步，右脚掌擦地后撩，同时右手点剑（由上到下点出），右脚向前落步成右弓步，点剑，目视剑尖方向（图31～35）。

图 31　　　　　图 32　　　　　图 33

图 34　　　　　图 35

20. 兵来将挡

右手持剑经体前向左、向下、向上、向前撩剑，左手落于体后，与肩同高。右手持剑由下向上再向下做外撩花，收于腰间，剑尖向前；同时左手由下到上经体前落于右肩前，双腿屈膝半蹲，目视前方（图36、图37）。

图 36

图 37

21. 白蛇吐芯

右脚向后撤步成左弓步，同时左手剑指向后下方推出，掌根向上；右手持剑向前平刺。左脚向后撤步成右弓步，左手不动；右手持剑向前平刺。右脚向后撤步成左弓步，左手不动；右手持剑向前平刺，目视前方（图 38～40）。

图 38

图 39

图 40

22. 截剑云架

右腿提膝向前蹬出，同时左手收于右肩窝处，右手持剑向前平展，剑尖向前，右脚落于左脚前，下蹲成歇步，左手剑指向前平推，右手持剑经头顶上方做云剑上架至头顶上方，剑尖向前，目视前方（图 41、图 42）。

图 41

图 42

23. 截剑云架

左脚向前上步，右腿提膝向前蹬出，同时左手收于右肩窝处，右手持剑向前平展，剑尖向前，右脚落于左脚前，下蹲成歇步，左手剑指向前平推，右手持剑经头顶上方做云剑上架至头顶上方，剑尖向前，目视前方（图43、图44）。

图 43　　　　　　　　　　图 44

24. 叶里藏花

左脚向前上步成左弓步。右手持剑从右到左平斩剑，剑尖向后；左手剑指放于右手腕处，头向右摆，目视右前方（图45）。

图 45

25. 转身前扫

身体右转180°。同时左腿向右扫转，成左仆步，上身动作不变（图46）。

26. 金鸡独立

左腿站立；右腿提膝，扣于胸前，左手不动，右手持剑由下到上挑剑，手臂绷直，手腕下沉，剑尖向上，目视前方（图47）。

图46

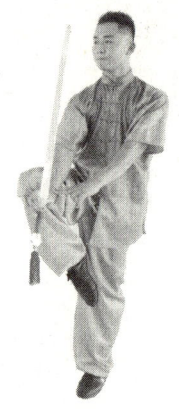
图47

27. 哪吒探海

右脚向前落地，左腿屈膝上提，脚面绷紧，扣于右膝前。同时左手剑指背于身后；右手持剑做里外剪腕花，向下点剑，剑尖向下，左手盘肘至身体左前方，目视右下方（图48）。

图48

28. 斩草除根

右腿蹬地跳起，向左前横踢，脚面绷紧，力达脚掌。左手背于身后，右脚落地成马步，右手持剑向前平斩。身体左转成左弓步，同时右手持剑回带，剑刃向上，剑尖向右，左手放于右手腕处，头向右摆，目视右前方（图49～51）。

图49

图 50　　　　　　　　　图 51

29. 行步转身弓步劈剑

右脚掌擦地后撩，向前落步，左脚掌擦地后撩。向前落步站立，左手剑指背于腰后。身体右转 180°，右脚向右后方撤步成马步，右手持剑架于头顶上方。身体右后转成右弓步，左手剑指架于头顶上方；右手持剑下劈，与膝同高，剑尖向斜下方，目视剑尖方向（图52～56）。

图 52　　　　　　图 53　　　　　　图 54

图 55　　　　　　　　图 56

30. 霸王举鼎

左脚向前上步，身体右后转90°。同时左手剑指背于腰后，右手持剑上举，剑尖向右。身体继续右转180°，右脚向后撤步成马步，右手持剑向下向上划于身体右侧，手臂伸直，剑尖向右。右腿挺膝蹬直，左膝提起，脚面绷直，扣于右膝前，右手持剑架于头顶上方，剑尖向左；左手剑指放于右肩窝处，目视左前方（图57～59）。

图57　　　　　　图58　　　　　　图59

31. 舞龙刺剑

身体左转90°，左脚落地，右腿直踢，同时右手持剑做里花，左手剑指背于腰后。身体左转360°，右脚落地成马步，同时左手剑指向左推出，右手持剑收于腰间，头向左摆，目视左前方。向左转身成左弓步，左手剑指收于左腰间；右手持剑向前刺出，剑尖向前，目视前方（图60～62）。

图60

图61　　　　　　图62

32. 仙人指路

身体右转90°成马步，双手收于右腰间。左脚尖向前，成左虚步，同时左手接剑放于身体左侧，剑尖向上；右手剑指向前推出，手臂与肩同高，同时发音"威"，目视前方（图63、图64）。

图63　　　　　　　　图64

33. 收势

左脚撤步向右脚并拢成站立势。同时右手剑指自然下垂，目视前方（图65）。

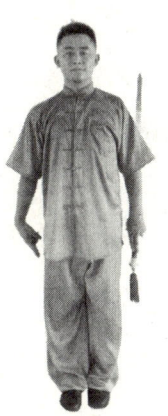

图65

第十章　少林单刀

第一节　刀术基本动作练习

少林单刀各部分名称及刀术礼节

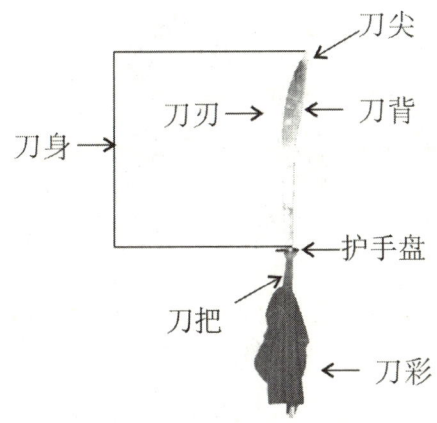

1. 抱刀礼

动作步骤：左手抱刀，屈臂，使刀横于胸前，刀身斜向下，刀背贴附于小臂上，刀刃向上；右手拇指屈拢成斜侧立掌，以掌根附在左手腕内侧。两腕部与锁骨窝同高，两臂外撑，肘略低于手，目视受礼者（图1）。

2. 递刀礼

动作步骤：并步直立，右手托护手盘，左手托刀前身，使刀平衡于胸前，刀刃向里，目视接刀者（图2）。

3. 接刀礼

动作步骤：开步站立，左手掌心向上，托刀手于递刀者两手之间，右手心向下接握刀把，目视右手接刀（图2）。

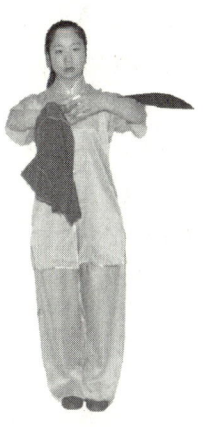

图1

图2

刀术基本技术动作练习

1. 扎刀

动作步骤：刀刃向下、向上或向左，刀尖向前直刺为扎，力达刀尖，臂与刀成一直线。平扎刀，刀尖高与肩平；上扎刀，刀尖高与头平；下扎刀，刀尖高与膝平（图3）。

要求：刀与臂成一直线，力达刀尖。

图3

2. 缠头刀

动作步骤：刀尖下垂，刀背沿左肩贴背绕过右肩，头部正直（图4～6）。

要求：刀尖下垂，刀背沿左肩贴背绕过右肩，同时左手要协调配合。

图4

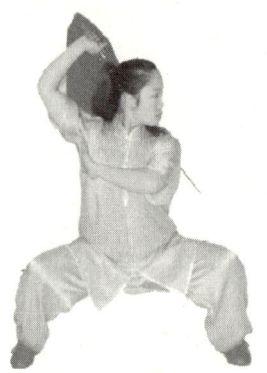

图5

图6

3. 裹脑刀法

动作步骤：刀尖下垂，刀背沿右肩贴背绕过左肩，头部正直（图7～9）。

要求：刀尖下垂，刀背沿右肩绕过左肩，头部保持正直。

图7

图8

图9

4. 劈刀

动作步骤：由上向下为劈，力达刀刃，臂与刀成一线。抡劈刀沿身体右侧或左侧抡一立圆，后抡劈。抡劈刀要与转体协调一致（图10）。

要求：刀与臂成一条直线，力达刀刃前部。

图10

5. 斩刀

动作步骤：刀刃向右（左），向右（左）横砍，高度在头与肩之间，力达刀刃，臂伸直（图11）。

要求：用力迅猛，力达刀尖，臂伸直。

图 11

6. 云刀

动作步骤：右手握刀，右臂内旋，上举，再变外旋，使刀在头顶上方平圆绕环一周，左掌内合，按于右手腕处，目视斜上方（图12）。

要求：旋转时手腕用力要均匀，刀要平转。

图 12

7. 撩刀

动作步骤：刀刃由下向前上为撩，力达刀刃前部。正撩则为前臂外旋，手心朝上，刀沿身体右侧贴身弧形撩出；反撩则为前臂内旋，刀沿身体左侧撩出，如同正撩（图13、图14）。

要求：刀刃向下再向上为撩，贴身而行，以腰带臂，用力柔和。

图 13　　　　　　　　　　图 14

8. 腕刀花

动作步骤：

（1）右手握刀，臂内旋，用腕部动作，使刀向前下绕行，刀尖下垂，手心向后。

（2）动作不停，右手握刀，用臂外旋力使刀以腕为轴向后经右臂内侧向上绕行，刀尖斜向上，虎口向上。

（3）右臂内旋，用腕力使刀以腕为轴向后上经右臂外侧向上绕行，刀尖斜向上（图 15～17）。

要求：以腕为轴，刀在臂两侧，向下贴身立圆绕环，刃背分明。

图 15　　　　　　　　　　图 16

图 17

第二节 少林单刀

动作名称详解

1. 预备式

两脚并步站立,右手自然下垂,左手抱刀垂于身体左侧,目视前方(图1)。

2. 起势

左脚向左开步,与肩同宽。同时右手握拳抱于腰间;左手抱刀,提于腰间。头向左摆,目视左前方(图2)。

图1

图2

3. 抱刀亮掌

左手抱刀于腰间不动;右拳变掌从体侧向上翻掌架于头顶,掌心向上,目视左前方(图3)。

4. 拜佛式

右手下落成立掌至左肩窝处,目视左前方(图4)。

图3

图4

5. 站立举刀

两臂经体前向右向上划半圆举过头顶,右掌掌尖向上,左手持刀,刀尖向下,目视上方(图5)。

6. 并步抱刀

两手由体前下落,右掌变拳,左手持刀抱于腰间,同时双脚震地,两腿屈膝下蹲,目视前方(图6)。

图5　　　　　　　图6

7. 丁步推刀

身体右转,右脚向前上半步下蹲,左脚尖点地,靠于右脚内侧,成丁字步。同时左手抱刀,刀把向前向前送出,右拳变掌贴于左手内侧,成立掌向前推出,目视前方(图7)。

8. 转身推掌

身体左转,左脚向左跨步成马步,两手收于右腰间,身体左转成左弓步。同时左手抱刀,平行向左后方摆出,停于身体左后侧;右掌经腰间向前推出,目视前方(图8)。

图7　　　　　　　图8

9. 跪步压刀

身体右转，两手随身体由上向下经头上方划圆，右腿屈膝下蹲，左脚向前跟步，脚尖与膝盖点地成跪步，左手持刀放于胸前，右手收于腰间，掌心向上，目视左手（图9）。

10. 提膝穿掌

右腿站立，左腿提起，脚面绷直放于右膝前。同时左手抱刀放于右肩窝处，右掌立掌向左上方插出，目视右掌方向（图10）。

图9　　　　　　　　　　　　图10

11. 仆步穿掌

右腿下蹲，左脚向下铲出成左仆步，同时左手持刀从右肩窝处向前方送出，目视左前方（图11）。

12. 腾空拍脚

重心前移，左腿屈膝成左弓步。同时右脚向前上步，左脚提起绷直，右脚提起绷直向前腾空弹踢；右掌经腰间向前以掌心迎击右脚面，左手抱刀收于腰间，目视前方（图12）。

图11　　　　　　　　　　　　图12

13. 并步抓刀

两脚同时落地，屈膝下蹲成并步，左手抱刀放于膝前，右掌侧立，掌心按于刀把，目视前方（图13）。

14. 震脚上步刺刀

右手接刀，在身体右侧做舞外花收于腰间，刀刃向下；左手放于刀柄上方，掌心向下，右脚震脚，左脚向前上步成左弓步。刀由腰间向前刺出，刀尖向前，左手经体前上架于头顶，掌心向上，目视前方（图14）。

正面　　　　　侧面
图13　　　　　　　　　　　　图14

15. 马步推掌

右膝提起，脚面绷直，向左脚内侧落地震脚，左脚向前上步成马步。右手持刀向后平拉，刀尖向上，左掌向左前推出，目视左前方（图15）。

16. 弓步推刀

身体左转成左弓步。同时右手持刀，刀尖向上，向前立推与肩平；左掌向后收于右肩窝处，目视前方（图16）。

图15　　　　　　　图16

17. 穿刀

左脚不动,身体右转,右手握刀由前向后、向下、向上、向前、向下、向上,经身体前后绕"8"字形,刀尖向下,最后落于胸口正前方,眼随刀走(图17、图18)。

图 17　　　　　　　　　图 18

18. 马步抱刀

右手持刀,刀尖向右,左手掌按在右手上,抱刀于胸前,目视刀身方向(图19)。

19. 弓步刺刀

身体右转成右弓步,同时右手持刀向前平刺,左掌向身后平推,掌心向后,左臂、右臂成一直线,目视前方(图20)。

图 19　　　　　　　　　图 20

20. 剪腕花

右手握刀,臂内旋、外旋,以腕为轴,经右臂内侧、外侧做剪腕花,刀尖斜向上,眼随刀走(图21、图22)。

图 21　　　　　　　　图 22

21．弓步推刀

左脚向前上步成左弓步，右手持刀从身体右侧抡一周，刀尖向下，左掌贴于刀背，向左前上方推刀，目视前方（图 23）。

22．丁步背刀

左脚脚尖点地，收于右脚脚窝处，两腿下蹲成丁字步，同时左手立掌收于右肩窝处，右手持刀在身体右侧做外剪腕花，贴于背后，目视左前方（图 24）。

图 23　　　　　　　正面　　　　反面
　　　　　　　　　　　　图 24

23．上步推刀

左脚向左上步成左弓步，左掌贴于刀背，右手持刀向左前上方推出，目视前方（图 25）。

24．并步举刀

左脚蹬地跳起，两脚依次落地成左仆步；同时右手持刀经体前划圆一周，重心左移，右脚向左脚并步站立，同时两手持刀由下向上推置头顶，刀刃向上，目视上方（图 26、图 27）。

图 25　　　　　　　图 26　　　　　　　图 27

25. 撩刀

左脚向前上步，右手持刀经右下向前撩刀，右脚向前上步，身体左转，右手持刀经体前向右下撩刀，同时左脚向右腿后插步，左屈肘外展与肩同高，目视右后方（图 28、图 29）。

图 28　　　　　　　　　　　图 29

26. 翻身劈刀

右手持刀经手臂内侧做剪腕花，向左后转身 180°，经右肩上方向下劈刀，同时右脚上步震脚与左脚并齐，两腿屈膝下蹲成并步，左手贴于右肩窝处，目视刀尖方向（图 30、图 31）。

图30　　　　　　　　　图31

27. 震脚藏刀

右脚震地，两腿站立。同时右手抖腕使刀尖由下向上绷击，刀尖向上，左掌按于右腕处，目视前方（图32）。

28. 弓步刺刀

左脚向前上步成左弓步。同时右手持刀经腰间向前平刺，刀尖向前，左手放于右肩窝处，目视前方（图33）。

图32　　　　　　　　　图33

29. 虚步藏刀

身体右转，同时右脚向后撤步，右手持刀做裹脑，手臂伸直拉至右后方，刀尖向下，左脚向右后撤步，左掌向前推出，同时左脚向前上步，脚尖点地屈膝下蹲成左虚步，目视前方（图34、图35）。

图 34　　　　　　　　　　　图 35

30. 歇步劈刀

身体左转180°，两腿下蹲成歇步，左手立掌放于右肩窝处，右手持刀做缠头刀下臂刀，目视右前方（图36）。

31. 弓步劈刀

右脚向前上步成右弓步。右手持刀刀尖由下向上经体前向下劈刀，左掌向左后推出，掌心向后，目视前方（图37）。

图 36　　　　　　　　　　　图 37

32. 跳步劈刀

身体右转，左脚向右前方跳半步，右脚提起插于左腿后成歇步，同时右手持刀经体前向左划立圆，刀尖向上。左掌压于刀背上，目视左前方（图38、图39）。

　　图 38　　　　　　　　　　　图 39

33. 马步抹刀

　　身体右转 180°，两腿下蹲成马步，同时左掌放于刀背上，两手经右腹前向前平推刀，目视前方（图 40）。

图 40

34. 腾空外摆

　　身体右转成右弓步，同时右手持刀放于左腋下，左掌架于头顶，接着身体右后转，左脚提起，右脚蹬地跳起，右腿直起做外摆莲。同时右手持刀放于左腋下，刀背贴身，左掌以掌心拍打右脚面，目视前方（图 41、图 42）。

　　图 41　　　　　　　　图 42

35. 弓步拉刀

左右脚依次落地成右弓步，右手持刀经体前向右后做裹脑，手臂伸直拉至右后方，刀尖向下，左手从右肩窝处顺势向前推出，目视左前方（图43）。

图43

36. 右撩刀

身体左转，左脚向前上步，右腿跟步。同时左掌经头顶放于身体后方，高与肩平，右手持刀，刀尖由下向上撩出，刀刃向上，目视前方（图44）。

37. 左撩刀

右脚向前上步，右手持刀，经身体前由上向下划圆一周架于头顶上方，刀刃向上，左手顺势向上撩起，掌心向上，目视前方（图45）。

图44　　　　　　　　图45

38．弹腿刺刀

身体右转，右手持刀向后劈刀，刀刃向下，目视右后方，右脚蹬地跳起，脚面绷直向前弹踢。左掌收于右肩窝处，右手持刀经腰间向前刺出，目视前方（图46、图47）。

图46

图47

39．弓步背刀

右脚向后撤步成右弓步。同时右手持刀，经体前由下向上架于右肩上方，左手变勾手由下向上提起，目视左前方（图48）。

40．马步劈刀

左脚向右插步，右脚向右跨步成马步，同时右手持刀经体前，由下向上向下做劈刀，左手经右肩窝处由下向上架于头顶，掌心向上，目视右前方（图49）。（注：连续做两遍）

41．背花刀接旋风脚

左手落于右肩窝处，右手持刀，身体微向右转，右手向下压腕，做背花刀三次，刀贴于后臂，身体左后转，左腿提起，同时右脚蹬地跳起，做里合腿击响，落地成马步，左手架于头顶上方，掌心向上，右手持刀背于背后，目视右前方（图50～52）。

图48

图49

图50　　　　　　　　图51　　　　　　　　图52

42．提膝藏刀

右脚提起，脚面绷直放于膝前。同时右手持刀上提，放于胸前，刀尖向下；左掌以掌心下压于右手腕处，目视右前方（图53）。

43．弓步刺刀

右脚落步成右弓步，右手持刀向前平刺。同时左掌向后推出，掌心向外，目视前方（图54）。

图53　　　　　　　　　　　　图54

44．抹刀裹脑

左脚向前上步，身体右转，右手持刀放于左腋下，左手上架于头顶，右脚向后退步。同时右手持刀做裹脑刀，停于胸前，左掌立于右肩前，目视前方（图55）。

45．虚步藏刀

左脚提起向前落地，脚尖点地，右腿下蹲成左虚步。同时右手持刀经体前向后做裹脑，手臂伸直拉至右后方，刀尖向下；左掌向前推出，目视前方（图56）。

图 55　　　　　　　　图 56

46．缠头抹刀

左脚向前上步蹬地跳起，身体腾空左转一周。右手持刀由身体前向后做缠头。同时两脚依次落地，左脚在前，右脚在后。右手持刀经身体前，持刀至于左腋下，左掌上架于头顶，目视前方（图57）。

47．右拍脚

重心前移，右脚提起绷直向前弹踢。同时左掌向前伸出，以掌心击拍右脚面；右手持刀不动，目视前方（图58）。

图 57　　　　　　　　图 58

48．左拍脚

右脚落地，左脚提起绷直向前弹出。同时左掌心击拍左脚面，目视前方（图59）。

49．腾空拍脚

左腿屈膝，右脚蹬地跳起，脚面绷直向前弹踢。左掌以掌心击拍右脚面，右手持刀不动，目视前方（图60）。

图 59　　　　　　　　　图 60

50．弓步架刀

右脚向后落地，身体右后转，左脚向右后上步，同时右手持刀，使刀由左腋下向右后做裹脑刀。两腿下蹲成右弓步。右手持刀，屈肘放于身体前，刀尖朝左；左臂屈肘，手掌贴于刀把处，左肘上架刀背，目视左前方（图61、图62）。

图 61　　　　　　　　　图 62

51．转身抱刀

身体左转成左弓步，右手持刀做缠头刀，放于左腰间；左掌心向上，抱于刀把，目视前方（图63）。

图 63

52. 腾空拍脚

右脚向前上步，左脚抬起。右腿蹬地跳起，脚面绷直向前弹踢。同时左手抓刀，右手变掌，以掌心击拍右脚面，目视前方（图64）。

53. 坐山势

右脚震脚落地，左脚前落，身体右转，两腿下蹲成马步。左手抱刀下落于腹前，刀尖朝左；右手握拳经体前上架于头顶，同时发音"威"，目视左前方（图65）。

图64　　　　　　　　　图65

54. 收势

左脚向右脚靠拢成站立势，两手收抱于腰间，刀尖向上；两手自然下垂，目视前方（图66、图67）。

图66　　　　　　　　　图67